John J. McNeill
»Sie küßten sich und weinten…«

Andreas-Raphael Pfarrkirche

Inhalt

Vorwort

Oft wird in Beziehung auf Religion und Sexualität die Frage gestellt: Was sagt der christliche Glaube (die Bibel, die Tradition und die gängige theologische Meinung) zur Sexualität und deren Absicht, und wie soll sie zum Ausdruck gebracht werden? Eine zweite Frage, die ebenso wichtig ist und die James B. Nelson[1] betont: Was vermag uns unsere Erfahrung als sexuelle menschliche Wesen zu sagen über die Art und Weise, wie wir Theologie betreiben, die Schrift lesen, Tradition interpretieren und wie wir versuchen, die Bedeutung der Evangelien in unserem Leben umzusetzen?

Wir brauchen eine *sexuelle Theologie*. Damit meine ich nicht eine Theologie über menschliche Sexualität. Menschliche Sexualität hat in unserem Glaubensleben immer eine lebendige Rolle gespielt, war jedoch bis zu diesem Punkt eher verborgen geblieben. Die Feministische Theologie hat ein scharfes Licht auf die Tatsache geworfen, daß die meisten traditionellen Theologien ausschließlich auf einer patriarchalischen Sichtweise von Realität gegründet waren.

Edmund Husserl, der Vater der Phänomenologie, zeigte, daß die Realität immer gemäß der Frage zu uns spricht, die wir ihr stellen. Eine weibliche Person wird grundlegend andere Fragen stellen als eine männliche. Deshalb wird die Antwort, die jeder empfängt, ebenso grundlegend verschieden sein.

Die Prämisse dieses Buches ist, daß es spezifische Fragen sind, die lesbische Frauen und schwule Männer der Realität stellen und daß diese sich von heterosexuellen Fragenkomplexen unterscheiden, und daß es deshalb von einer homosexuellen Warte aus auch unterschiedliche Beiträge zu Theologie und Spiritualität zu leisten gilt. Dieses Buch ist also ein Versuch, eine solche Theologie und Spiritualität von einem homosexuellen Standpunkt aus zu formulieren. Ich versuche, einige der grundsätzlichen Erfahrungsbereiche zu behandeln, in denen Lesben und Schwule aufgrund ihrer sexuellen Orientierung andere Fragen stellen und auch andere Nöte haben. Deshalb müssen die speziellen theologischen und spirituellen Implikationen herausgearbeitet werden, die in der schwulen und lesbischen Erfahrung begründet liegen.

Thomas E. Clarke[2] beschreibt eine neue Art, in der gegenwärtigen Kirche Theologie zu treiben, die sich vor allem auf »offenbarender Erfahrung« gründet. Die Theologie kann es sich nicht länger leisten, eine exklusive a priori-Wissenschaft zu sein, die ihre Schlüsse aus generellen Grundsätzen deduziert. Viel eher muß sie die Form einer a posteriori-Wissenschaft annehmen, die ihre Schlüsse aus der empirischen Evidenz zieht, wie sie in der gelebten Erfahrung von Menschen gegenwärtig ist. Clarke legt dar, daß der Agent und Ort dieser neuen Form von theologischer Reflexion nicht im professionellen Theologen oder in einem akademischen Kontext zu finden sei[3], sondern eher bei den Mitgliedern der Basis-Christengemeinde, – in unserem Falle der lesbischen und schwulen Christengemeinde. Mit diesem Buch möchte ich einer Spiritualität Vorschub leisten, die sich auf die offenbarende Erfahrung lesbischer und schwuler Christen gründet. Es geht um eine Spiritualität, die sich ein fundiertes Wissen über die spezifischen Nöte von Schwulen und Lesben verschaffen und sich um die Erfüllung ihrer Aufgaben in der Welt kümmern will.

Ich habe für eine spezifische Leserschaft geschrieben, deren Misere diesem Buch eine besondere Dringlichkeit gibt: Für alle meine schwulen Brüder, die AIDS haben oder Gefahr laufen, an AIDS zu erkranken, und auch für deren Liebhaber, Familien und Freunde. Diese Menschen befinden sich in der verzweifelten Not, begreifen zu müssen, was sie gerade durchmachen. Und zwar sollten sie diese ihre Aufgabe meistern im Kontext einer neuen Spiritualität, die ihnen erlaubt, ihre Wirklichkeit und Erfahrung als homosexuelle Menschen*

(*)Anm.d.ÜS: Die Bezeichnung *Gay* umfaßt im englischen Sprachgebrauch sowohl Lesben als auch Schwule. Das ist in einer dt. ÜS schwer zu zeigen. Es werden daher Begriffe wie Homosexuelle(nbewegung), Schwule und Lesben, *Gays* abwechselnd verwandt. Der Autor wendet sich ausdrücklich an Lesben und Schwule. Auch ist im deutschen Text mit Homosexualität, homosexuell und Homosexuelle meist lesbisch und schwul zusammen gemeint.

und Personen mit AIDS in Beziehung zu setzen zu Gottes Offenbarung in Jesus.

Dieses Buch ist aus den vielen Stunden hervorgegangen, die ich als Psychotherapeut damit verbracht habe, das Leiden und die Freude, die Kämpfe und Triumphe meiner lesbischen und schwulen Klienten zu teilen, die versuchten, in ihrem Leben die beiden Komponenten Homosexualität und Christsein miteinander zu versöhnen. Das Buch wuchs weiter, als mir die psychologischen und spirituellen Muster klar wurden, die den Kämpfen meiner Klienten zugrunde liegen, um psychologische Gesundheit und spirituelle Reife zu gewinnen.

Dies ist ein sehr persönliches Buch. Ich habe mich durchweg auf meine eigenen Erfahrungen gestützt. Ich wuchs als der jüngste und schwule Sohn einer großen Irisch-Amerikanischen Familie in Buffalo, New York, auf. Meine Eltern waren hart arbeitende Menschen ohne viel Allgemeinbildung. Meine Mutter war aus Irland eingewandert. Meine Eltern glaubten beide fest, daß die Gabe von Glaube und Liebe die höchste Kostbarkeit darstellte, die sie von ihren Eltern erhalten hatten und die sie uns wiederum weitergaben.

Meine Eltern sind nun bereits seit vielen Jahren tot. Mein Vater war stolz über meine Berufung in den Priesterstand und ins geistliche Leben. Dies würde sicher auch auf meine Mutter zugetroffen haben. Wären sie noch am Leben, sie wären vielleicht nicht in der Lage gewesen, den Weg zu verstehen, den ich im Gehorsam, gemäß meines Verständnisses von Gottes Willen, gegangen bin: Dies wiederum führte zu meinem Ausschluß aus der Gesellschaft Jesu und zum Verlust der Ausübung meines Priesterstandes.

Ich bin stolz auf meine annähernd vierzig Jahre während Mitgliedschaft in der Gesellschaft Jesu. Ich sehe die Jesuiten als eine der bedeutenden Gruppen von Männern, die gegenwärtig wichtige Beiträge zu menschlicher Befreiung leisten, vor allem in Zentral- und Südamerika. Obwohl ich vom Rechtsstandpunkt gesehen von ihnen getrennt bin, werde ich im Geist immer mit ihnen eins sein.

Meine persönliche Spiritualität gründet sich auf die Geistlichen Übungen des Ignatius von Loyola. Über die Jahre habe ich intensiv mit vielen Menschen anderer und auch nicht-christlicher Traditionen gearbeitet. Ich habe versucht, die Perle spirituellen Verstehens zu entdecken, die universell auch auf die homosexuelle Erfahrung anwendbar ist. Der beste Weg ist, das Begreifen und die Praxis meiner eigenen Tradition zu vertiefen, um dann mit anderen das für mich Wertvollste daran zu teilen.

Ironischerweise ist dem Vatikan zumindest teilweise dafür zu danken, daß man mich dazu inspiriert hat, dieses Buch zu schreiben. Als man mich vor etwa zwölf Jahren unvorsichtigerweise aufgrund der Frage der Homosexualität und der Sexualethik mundtot gemacht hatte und mir den Zugang zu einer Lehrposition an einer katholischen Institution verweigerte, hat man mich gezwungen, meine Karriere als Lehrer aufzugeben und mein Augenmerk auf den Dienst an homosexuellen Menschen zu lenken und auf die spirituellen Schlüsselfragen, die Lesben und schwule Männer beschäftigen.

Da mir der Zugang zur Lehre verwehrt war, begann ich eine neue Karriere als Psychotherapeut. Meine jesuitischen Vorgesetzten stellten mir frei, vollzeitig das geistliche Amt mit homosexuellen Menschen auszuüben. Die Beschäftigung mit Religion und Gesundheit trainierte mich als Therapeut. Meine Fähigkeit, die Beziehung zwischen dem Fragenkomplex des psychologischen Wachstums und dessen Entwicklung einerseits und des spirituellen Wachstums und dessen Entwicklung andererseits zu sehen, wurde dadurch in besonderer Weise gefördert.

Die letzten Monate bestanden aus einem fortwährenden Prozeß von Gebet und tiefer Meditation über der Schrift. Meine Hoffnung war, daß Gott mich gebrauchen möge, eine befreiende Botschaft zu vermitteln, zuallererst mir selber und dann meinen lesbischen Schwestern und schwulen Brüdern. Darüber hinaus habe ich über psychodynamische Prozesse nachgedacht und versucht, meine Kenntnis über diese Prozesse dazu zu verwenden, einen Heilungsvorgang der Wunden meiner homosexuellen Klienten in Gang zu bringen.

Wiederum muß ich ironischerweise dem Vatikan für die Gelegenheit danken, daß dieses Buch geschrieben und veröffentlicht werden konnte. Als der Geist Gottes den Vatikan dazu führte, mir die Amtsausübung zu verweigern, befreiten sie mich von meinem zehnjährigen Schweigen; dies ging weit über alles hinaus, was ich mit gutem Gewissen hätte selber verantworten können. Nach über einem

Jahr des Gebets und der Inanspruchnahme von Beratung, habe ich entschieden, daß ich meinen höchsten Gehorsam Gott gegenüber leisten wollte. Meine Amtsausübung ganz generell zu beenden, hätte für mich bedeutet, Gottes Willen zu mißachten.

Dieses Buch, so hoffe ich, wird dazu beitragen, eine neue Dimension befreiender Theologie zu ermöglichen. »Die Zukunft der Geschichte«, schreibt Gustavo Gutiérrez, »liegt auf der Linie des Armen und des Ausgebeuteten. Die wirkliche Befreiung wird das Werk des Unterdrückten selbst sein. Im Entrechteten rettet der Herr die Geschichte. Die Spiritualität der Befreiung wird von der Geistigkeit der ›anawim‹ her entworfen werden müssen.«[4]
Bezogen auf die schwule und lesbische Befreiungsbewegung, wendet dieses Buch die drei Hauptthemen einer befreienden Theologie an: Humanisierung, Bewußtseinsbildung, Dialog und Gemeinschaft. Humanisierung ist der Prozeß, in dem homosexuelle Frauen und Männer eine gesunde Ich-Identität entwickeln und danach streben, als ebenbürtige Verhandlungspartner akzeptiert zu werden, die eher Subjekte sind als Objekte. Bewußtseinsbildung ist der Prozeß des Gewahrwerdens von Strukturen, von denen homosexuelle Menschen unterdrückt werden. Dialog und Gemeinschaft repräsentieren Prozesse, durch die homosexuelle Menschen ihren eigenen sozialen Rückhalt entwickeln.

Ich hoffe, daß dieses Buch sorgsam und kritisch gelesen wird, nicht nur von Schwulen und Lesben, sondern auch von allen, die daran interessiert sind, das Anliegen des Evangelium einer wahren menschlichen Befreiung zu fördern. Wir homosexuellen Menschen haben eine Botschaft der Befreiung nicht allein für uns selbst, sondern für die gesamte Menschheit. Der spezifische Prozeß, durch den wir uns selbst befreien und unsere Sexualität akzeptieren, hilft auch anderen zur Befreiung und zur Akzeptanz ihres wahren Selbst.
Ich glaube, es ist wichtig, die Voraussetzungen dieses Buches zu verdeutlichen, besonders dessen moralischen und theologischen Voraussetzungen.[5] Das vorliegende Buch fußt auf jenen Voraussetzungen, die ich in einem vor etwa zwölf Jahren erstmals publizierten Buch[6] vorgeschlagen und verteidigt habe: Dessen Thesen wurden von

einigen bestritten, aber nie in einer ernsthaften Weise auf wissenschaftlicher Grundlage in Frage gestellt.

In diesem Buch habe ich drei herkömmliche Haltungen, die die christliche Gemeinschaft gegenüber Beziehungen von Lesben und Schwulen einnimmt, zu widerlegen versucht. Als erstes habe ich gegen die Ansicht opponiert, daß Gott alle Menschen heterosexuell möchte und daß Homosexualität deshalb ein Abweichen vom göttlichen Plan darstellt. Diese Abweichung wird für gewöhnlich als Sünde oder neuerdings auch als Krankheit angesehen. Gemäß dieser Sichtweise müssen diejenigen, die lesbisch oder schwul sind, ihre Orientierung durch Gebet und Inanspruchnahme von Beratung ändern. Falls diese Versuche fehlschlagen, sollen sie gänzlich enthaltsam und ohne sexuelle Liebe leben. Sexuelle Erfüllung wird somit zu einem ausschließlichen Recht von Heterosexuellen. Dies ist die Position, wie sie in jüngsten Verlautbarungen des Vatikan immer wieder vertreten wird. Dieses Schreiben werde als nötig erachtet, um »verführerischer Propaganda« christlicher Gruppen von Homosexuellen entgegenzuwirken, die die Tradition der Kirche und deren Auslegung der Schrift herausforderten.

Ich halte dagegen: Gott hat die Menschen in einer großen Vielfalt sowohl der Geschlechtsidentitäten als auch in der Wahl sexueller Orientierung geschaffen. Folglich könnten all jene Versuche, Menschen in enge heterosexistische Kategorien von »Männlichkeit« und »Weiblichkeit« zu zwängen, den großen Reichtum der Schöpfung Gottes vernichten.

In allen Kulturen und jeder Epoche der Geschichte gab und gibt es einen gewissen Prozentsatz von schwulen Männern und lesbischen Frauen. Diese Individuen müssen als Teil von Gottes Schöpfungsplan betrachtet werden. Ihre sexuelle Orientierung hat nicht notwendigerweise einen Bezug zu Sünde, Krankheit oder Mißerfolg, sondern ist eher eine Gabe Gottes, die akzeptiert und in Dankbarkeit ausgelebt werden sollte. Gott verachtet nicht, was er geschaffen hat.

Es soll hier im Gegensatz zu gewissen geläufigen Ansichten betont werden, daß menschliche Wesen ihre eigene sexuelle Orientierung nicht selbst auswählen; vielmehr entdecken sie diese als etwas Gegebenes. Für eine Änderung der eigenen sexuellen Orientierung zu beten, ist etwa ebenso unsinnig, als würde man um Änderung der eigenen Augenfarbe bitten. Darüber hinaus gibt es keine gesunde Möglichkeit, die sexuelle Orientierung umzukehren oder zu ändern, nachdem sie einmal etabliert ist.

Behauptungen, Homosexuelle in Heterosexuelle verwandeln zu können, haben sich als falsch herausgestellt und gründen sich meist auf homophobe Anwandlungen. Die grundlegend angewandte Technik, um diese Pseudo-Verwandlung zu bewerkstelligen, beinhaltet, homosexuelle Menschen dahin zu bringen, sich einen gewissen Selbsthaß zu eigen zu machen. Dies verursacht häufig große psychologische Schäden und Leiden. Christliche Gemeinden, die sich auf diese Art von Amtsausübung verlegen, tun dies für gewöhnlich, um jegliche Herausforderung an ihre traditionelle Einstellung zu vermeiden und um jeden Dialog mit sich selbst akzeptierenden Lesben und Schwulen und mit professionellen Psychotherapeuten zu vermeiden. Die wirkliche Wahl, die Lesben und Schwule betrifft, ist nicht die zwischen Heterosexualität und Homosexualität, sondern zwischen der Fähigkeit, eine Beziehung aufbauen zu können und dem Abgeschnittensein von überhaupt jeglicher beziehungsmäßigen Intimität.

Andere Kirchen beschränken ihre offizielle Amtsausübung darauf, Schwulen und Lesben zu helfen, enthaltsam zu leben. Gemäß christlicher Tradition ist Enthaltsamkeit eine besondere Gabe Gottes, die einigen Wenigen gegeben ist um des Reiches Gottes willen. Wenn nun eventuell ein Homosexueller diese Gabe erhält, so ist er in der Tat gesegnet. Die römisch-katholische Geistlichkeit wählt freiwillig einen enthaltsamen Lebensweg; Laien aber, die homosexuell sind, haben keine Wahl: Es wird ihnen gesagt, daß sie enthaltsam leben müssen bis ans Ende ihres Lebens.

Es gibt keinen Grund zu glauben, daß Gott diese Gabe allen gewährt, die lesbisch oder schwul sind. Im Gegenteil, empirische Untersuchungen haben gezeigt, daß eine breite Mehrheit homosexueller Menschen, die ein enthaltsames Leben versucht haben, damit enden, ihre sexuellen Nöte in einer promisken und selbstzerstörenden Art und Weise auszuleben. Jedes menschliche Wesen hat ein gottgegebenes Recht auf sexuelle Liebe und Intimität. Jeder, der dieses Recht irgendeinem Individuum verweigern wollte, müßte über allen Zweifel erhaben sein und die Beweise für diese Verweigerung aufzeigen können. Die einzige gesunde und ganzheitliche Antwort auf eine lesbische oder schwule Orientierung ist: diese akzeptieren zu lernen und sie in einer Weise auszuleben, die in Einklang mit christlichen Werten steht.

Die zweite These in meinem Buch *The Church and the Homosexual* war, daß Homosexuelle keinen Angriff auf die Werte der Gesellschaft und die Familie darstellen, wie viele versucht sind zu meinen. Im Gegenteil: Als Teil des Schöpfungsplans Gottes mit besonderen Gaben und Qualitäten leisten sie einen sehr positiven Beitrag in der Entwicklung der Gesellschaft.[7] Würden tatsächlich Lesben und schwule Männer verschwinden, wäre die weitere Entwicklung hin zu einer menschlicheren Gesellschaft ernsthaft gefährdet. Aus diesem Grunde glaube ich, daß eine besondere Vorsehung gerade jetzt schwule und lesbische Gruppen innerhalb der Kirchen auftauchen ließ.

Die dritte These meines Buches war vielleicht die umstrittenste. – Die traditionelle Position der Kirche ist diese: Da jede homosexuelle Handlung sündig und gegen Gottes Plan ist, ist auch die Liebe von schwulen und lesbischen Menschen sündig und entfremdet die Liebenden von Gott. Ich dagegen habe argumentiert, daß, wenn man von einer konstruktiven menschlichen Liebe ausgeht, die Liebe zwischen zwei Lesben oder schwulen Männern *nicht* sündig ist, noch die Liebenden von Gottes Plan entfremdet. Im Gegenteil, es kann eine ganzheitliche Liebe sein, die die Gegenwart Gottes genauso effektiv in einer menschlichen Gemeinschaft vermitteln kann wie heterosexuelle Liebe.
Ich weiß wohl, wie umstritten meine Argumente waren. Aber ich fühlte, daß meine Position unterstützt wurde von neuen Belegen aus biblischen Studien und von verschiedenen empirischen Untersuchungen in den Geisteswissenschaften, insbesondere der Psychologie und der Soziologie, durch die das herkömmliche Verständnis von Homosexualität als gewähltem und veränderbarem Zustand vollständig untergraben wurde. Neue Erkenntnisse über die psychosexuelle Ent-

wicklung lassen keinen Zweifel, daß niemand seine sexuelle Orientierung aussuchen kann und daß Akzeptanz die einzige gesunde Reaktion auf ein Schwul- oder Lesbisch-Sein ist. Abgesehen davon, gibt es die Evidenz der gemeinsamen Erfahrung von Lesben und Schwulen, die als engagierte Christen versuchen, ihr Leben im Einklang mit christlichem Glauben und christlichen Werten zu leben. Diese Evidenz sollte jeder christlichen Gemeinde Grund genug bieten, ihr Verständnis von Homosexualität zu überdenken.

Alle persönlichen Beispiele in diesem Buch sind aus dem Leben verschiedener Klienten, Berufspartner und meinen eigenen persönlichen Erfahrungen genommen. Um die Vertraulichkeit zu wahren, wurden alle Situationen unkenntlich gemacht.

Ich bin vielen dankbar, daß dieses Buch möglich wurde. Zuallererst danke ich meinen schwulen und lesbischen Klienten, die mich für vertrauenswürdig genug erachteten, ihre tiefsten Freuden und Sorgen mit mir zu teilen. Besonderer Dank gilt all den homosexuellen Menschen mit AIDS und denen, die sich um Menschen mit AIDS kümmern und mit denen ich in den vergangenen Jahren gearbeitet habe. Sie waren bereit, sowohl ihre Schmerzen, Ängste und Sorgen als auch ihren Mut, ihre Freude und Hoffnung im Angesicht von Not und Tod zu teilen. Ein besonderes Dankeswort geht an meinen Lehrer der Therapieausbildung, Arnold Rachman, für seine qualifizierte Hilfe.

Meine Dankesschuld möchte ich auch zum Ausdruck bringen gegenüber all jenen, die das Manuskript dieses Buches gelesen und bei seiner Entwicklung mitgeholfen haben.

Zum Schluß möchte ich meinem Freund, Charles Chiarelli, danken, dessen tägliche Unterstützung, Ermutigung und Hilfe die Abfassung dieses Buches ermöglicht haben.

John J. McNeill

ERSTER TEIL

SPIRITUELLES LEBEN UND GLEICHGESCHLECHTLICHE ERFAHRUNG

Lesben, Schwule und spirituelles Leben

Lesben und Schwule waren immer schon Menschen mit außerordentlicher religiöser Sensitivität. Während vieler Jahre Arbeit als Psychotherapeut beobachtete C.G.Jung hinsichtlich des spirituellen Lebens seiner homosexuellen Klienten einen »Reichtum religiösen Gefühls, welcher eine ecclesia spiritualis zur Wahrheit macht, und [...] eine geistige Rezeptivität, die der Offenbarung williges Gefäß ist.«[1]

Es ist auch meine Erfahrung, nachdem ich mit Hunderten von homosexuellen Klienten gearbeitet habe, daß die meisten lesbischen und schwulen Menschen außergewöhnlich offen sind für spirituelle Werte. Mark Thompson[2] untersucht diesen spirituellen Aspekt der schwulen und lesbischen Bewegung. Häufig kommt spirituelle Führerschaft der Menschheit als Ganzes von deren lesbischen und schwulen Mitgliedern. Gerade diese Offenheit jedoch macht homosexuelle Menschen besonders anfällig für pathologische Aspekte von Religion.

Zuerst werde ich die reifen und unreifen Formen, die der Glaube im spirituellen Leben eines homosexuellen Menschen annehmen kann, zur Diskussion stellen. Dann werde ich das Phänomen des Atheismus bei homosexuellen Menschen untersuchen und die spirituell gesunde Rolle, die der Atheismus häufig einnimmt. Zum Schluß geht es mir um eine der hauptsächlichen Herausforderungen, der sich die meisten meiner lesbischen und schwulen Klienten stellen müssen, wenn sie ein spirituelles Leben zu entwickeln suchen. Ich werde insbesondere auf die Wichtigkeit der Unterscheidung zwischen pathologischen und gesunden Glaubenssystemen hinweisen. Fortwährend festzuhalten an einem pathologischen Glaubenssystem, das tief eingewurzelt ist im Unbewußten, führt zu Gefühlen der Angst, Schuld und Scham und ist in vielen Fällen sowohl die hauptsächliche Quelle von Verweigerung psychologischer Heilung als auch das grundlegende Hindernis spiritueller Reife.

KAPITEL 1

Was heißt reife Spiritualität?

Denn Gott hat uns nicht einen Geist der Verzagtheit gegeben, sondern einen Geist der Kraft, der Liebe und der Besonnenheit.

2. Timotheusbrief 1,7

Die schmerzhafte Erfahrung, ein Verbannter zu sein, nimmt für eine schwule oder lesbische Person unzählige Formen an. Ich selbst habe diese Erfahrung als schwuler Soldat und Veteran gemacht. Lesben und schwulen Männern, die ihr Land liebten und ihm mutig in der Armee dienten, ist besondere Ungerechtigkeit in der furchtbaren Bedrohung zuteil geworden, angeklagt zu werden und unehrenhaft aus der Armee ausscheiden zu müssen, falls ihre sexuelle Orientierung jemals bekannt würde, – trotz ihres loyalen und mutigen Dienstes.

Für uns ist es wichtig zu begreifen, daß unser religiöser Glaube wachsen und reifen muß, genau wie wir auch in allen anderen Bereichen unseres Lebens wachsen und heranreifen. Es gibt Aspekte unseres Glaubens, die gesund und für ein Wachstum im Glauben nützlich sind; es gibt andere Aspekte, die neurotisch und destruktiv sind. Wir sind alle herausgefordert, uns den Zustand unseres Glaubens klarzumachen, die gesunden Aspekte zu fördern, die kranken und neurotischen Aspekte aber zu vermeiden.

Zum Beispiel gab es eine Zeit für mich, in der ich die Stimme Gottes mit meinem eigenen sadistischen Über-Ich verwechselt habe. Ich ließ mein spirituelles Leben von neurotischen Schuldgefühlen durchdringen. Mein Verstand wurde ein Verstand der Feigheit und nicht ein Geist der Kraft und der Liebe. Ich habe lange gebraucht, diese Schuld in mir zu vertreiben, und der Prozeß ist noch immer nicht abgeschlossen. Schrittweise nur habe ich die wohlbekannte Aussage des Irenäus begriffen: »Die Herrlichkeit Gottes ist die der Menschen in Fülle«. Meine Auffassung war gewesen, daß Gottes Herrlichkeit nur im Leiden zu finden sei und nicht in Augenblicken der Lust und der Freude.

Ebenso ist es möglich, den Glauben mit dem Verlangen nach Sicherheit zu verwechseln. Ein Beispiel dafür ist der unzulängliche Glaube, daß man Gottes Willen nur über Aussagen von Autoritäten der Außenwelt erfahren kann. Man kann sehr versucht sein, der Stimme einer Autorität blindlings zu gehorchen, um dann später, wie ein Eichmann, jegliche Verantwortung hinsichtlich der Konsequenzen des Gehorsams zu bestreiten. Wenn wir aber so verfahren, dann gelingt es uns nicht zu sehen, daß Gott direkt mit uns durch unsere eigene Erfahrung spricht. Es mag Zeiten geben, in denen wir im Einklang mit dem Willen Gottes auch einmal Autoritäten opponieren und Verantwortung für die Folgen unserer Entscheidungen und Aktionen übernehmen müssen.

Die gravierendste Verzerrung des Glaubens, derer ich mich schuldig fühlte, ist die Annahme, daß ich irgendwie Gottes Gnade und Liebe mit meinen Leistungen *verdienen* müßte. Zu diesen Zeiten war es mir verwehrt zu sehen, daß Gottes Liebe, wie das Leben selbst, ein Geschenk ist. Gott gibt seine/ihre Geschenke ohne Rückforderung, und die einzige vernünftige Reaktion darauf ist Dankbarkeit.

Was brauchte ich, um einen gesunden und reifen Glauben zu erlangen? Es war die Heilung meiner Sicht von Gott. Ich möchte von meiner eigenen spirituellen Reise innerhalb der homosexuellen spirituellen Bewegung während der letzten fünfzehn Jahre erzählen.

Ich wuchs auf in einer homophoben Umgebung in Buffalo, New York. Da ich mir meiner sexuellen Gefühle bewußt war, quälte mich die Angst, daß es in meinem Innersten einen verhängnisvollen Mangel geben könnte, der mich fehlerhaft und wenig liebenswert machte. Ich dachte, nur durch ein Verbergen, Verleugnen und Unterdrücken der spezifischen Form, zu lieben und sexuelle Gefühle zu zeigen, von meiner Familie und der Kirche akzeptiert werden zu können. Mit der ganzen Unterstützung einer homophoben Kirche übertrug ich meine Angst vor Ablehnung auf Gott und baute damit ein falsches Gottesbild auf. Ich wurde zu einem masochistischen Verehrer des Gottes, den mein eigenes Über-Ich geschaffen hatte.

Zur selben Zeit rebellierte ich unbewußt gegen Gott. Ich war wütend auf die Ungerechtigkeit, für etwas abgelehnt zu werden, das ich mir nicht hatte aussuchen können. Aber Gottesfurcht führte mich zum Unterdrücken der Wut.

Liebe und Wut konnten in meinem Herzen nicht gemeinsam existieren. Ich begann, meine Wut in einer selbstzerstörerischen Weise auszuleben. Aus einer Art Furcht heraus und um diesem Gott gefällig zu sein, habe ich meine ureigenste Wirklichkeit und meine Fähigkeit zu fühlen und zu lieben, zu opfern versucht. Genau wie früher die Heiden aus einer Furcht heraus ihre Erstgeborenen vor der Baalsstatue ins Feuer geworfen haben, so meinte ich, einen lebendigen Teil meiner selbst opfern zu müssen, um von Gott akzeptiert zu werden. Ich war tatsächlich blind gegenüber der Wirklichkeit Gottes und betete ein von mir selbst gemachtes Götzenbild an.

Wir homosexuellen Menschen heute haben ein ungeheures Bedürfnis nach gesundem und reifem Glauben: einem unmittelbar auf eigener Erfahrung beruhenden Glauben; einem Glauben mit der Bereitschaft der gegenseitigen Liebe ohne selbstsüchtiges Suchen eigener Sicherheit; einem Glauben, der stark genug ist, alle Ängste zu überwinden, besonders die Angst vor dem Tode.

Die Angst vor AIDS kann einen Rückfall in unreifen und neurotischen Glauben verursachen. Neurotischer Glaube fußt auf Ängsten und Feigheit. In den folgenden Kapiteln möchte ich versuchen, die vielfältigen Formen neurotischen Glaubens aufzuzeigen. Ich werde mich mit den Möglichkeiten befassen, wie wir unser Leben als homosexuelle Menschen mit einem gesunden Engagement untereinander und gegenüber dem Leben führen können.

Das höchste Geschenk Gottes ist Liebe. Wirklich menschliche Liebe zu erfahren, Teil der Gemeinschaft der Liebe zu sein, bedeutet, Gottes Gegenwart zu spüren. Liebe ist jedoch widersprüchlich. Sie ist unbedingt vonnöten für ein glückliches und erfülltes menschliches Leben. Dies allein durch menschliche Mittel erreichen zu wollen, ist unmöglich. Aus diesem Grund konnte Johannes schreiben: »Wer nicht liebt, hat Gott nicht erkannt; denn Gott ist Liebe« (1 Johannes 4,8).

Liebe ist immer ein Wunder, immer Gottes Geschenk des Selbst, immer eine Erfahrung des Göttlichen. In der Gemeinschaft der Liebe, der wir angehören, erfahren wir täglich die Gegenwart Gottes. Dies ist eine Erfahrung, die wir umsonst bekommen und aus Dankbarkeit umsonst auch an andere weitergeben können.

Ich möchte diese Überlegungen über ein reifes Glaubensleben beenden mit dem Augenzeugenbericht über einen schwulen Priester, der in einem deutschen Konzentrationslager im Zweiten Weltkrieg zu Tode geprügelt wurde, weil er nicht aufhören wollte zu beten oder Selbstgenügsamkeit zum Ausdruck zu bringen. Die Geschichte wird von Heinz Heger[1] erzählt, der an die Vorgänge in dem speziellen Konzentrationslager für schwule Männer in Sachsenhausen erinnert (Sachsenhausen war ein »Niveau 3«-Lager, in dem man Gefangene bewußt mit Arbeit zu Tode schindete):

Es war gegen Ende Februar 1940, als bei einem Neuzugang in unserem Block auch ein Pfarrer dabei war, ein ungefähr 60 Jahre alter Mann mit feinen durchgeistigten Zügen und von großer Statur. Es stellte sich später heraus, daß er aus einer deutsch-böhmischen Adelsfamilie stammte und aus dem Sudetenland kam. Ihm fiel die Qual der Einkleidung mit den üblichen seelischen und körperlichen Folterungen besonders schwer, ganz besonders das lange Stehen vor dem Block nackt und barfuß. Als man nach dem Bad, beim Haarescheren, seine Tonsur entdeckte, ließ sich der dort aufsichtshabende SS-Oberscharführer ein Rasiermesser geben und sagte: »Werde mal selbst den schwulen Pfarrerschädel auf Hochglanz polieren, damit seine kleine Glatze größer wird.« Und er schabte die Haare des Pfarrers mit dem Rasiermesser ab, wobei er sich nicht viel Mühe gab, Hautschnitte zu vermeiden. Ganz im Gegenteil. Mit vollkommen zerschundenem Kopf und blutüberströmt kam der Pfarrer in den Tagesraum unseres Blockes zurück. Sein Gesicht war aschfahl und seine Augen starrten fassungslos in die Weite. Er setzte sich auf eine Bank, faltete seine Hände in den Schoß und sagte leise, mehr zu sich selbst: »...trotzdem, der Mensch ist gut, denn er ist ein Geschöpf Gottes!« »Nicht alle«, sagte ich, der ihm am nächsten saß, leise aber doch trotzig, »es gibt auch Bestien in Menschengestalt, die der Teufel geschaffen haben muß.«
Der Pfarrer achtete nicht auf meine Antwort, lautlos, nur die Lippen bewegend, betete er. Ich war tiefbewegt, obwohl ich schon abgestumpft war von dem vielen Leid, das ich so oft mitansehen und selbst erdulden mußte. Ich hatte immer schon eine hohe Achtung vor Priestern gehabt, so ging mir sein stummes Gebet, sein stiller Ruf zu Gott, den er sicherlich in seinem körperlichen Schmerz und seiner seelischen Qual

24

um Hilfe und Kraft für sich anrief, sehr zu Herzen. Das Beten des Pfarrers mußte aber unser Stubendienst, ein widerlicher und brutaler »Grüner«, der SS gemeldet haben, denn unser Blockführer stürzte plötzlich mit einem zweiten SS-Oberscharführer in den Tagesraum, riß den aufgeschreckten Pfarrer von der Bank hoch und ohrfeigte und beschimpfte ihn. Der Pfarrer ließ die Schläge und Schimpfworte klaglos über sich ergehen und blickte den beiden SS-Männern nur mit erstaunt aufgerissenen Augen ins Gesicht. Das mußte die beiden aber nur noch wütender gemacht haben, denn sie stellten eine Bank in die Mitte, der Pfarrer wurde mit dem Rücken darauf geworfen und sie schnallten ihn mit Stricken fest.

Mit ihren Stöcken prügelten sie nun wahllos auf ihn ein, auf seinen Bauch, seine Oberschenkel und sein Geschlechtsteil. Dabei gerieten sie in immer größere Ekstase und brüllten: »Dir werden wir noch das Beten austreiben! Du Arschficker! Du Arschficker!«

Der Pfarrer stöhnte auf und wurde bewußtlos, wurde wachgerüttelt und sank immer wieder in die Bewußtlosigkeit. Endlich hörten die beiden SS-Sadisten mit ihren Schlägen auf und verließen den Tagesraum, nicht ohne noch dem völlig zerschlagenen Mann auf der Prügelbank höhnisch zuzurufen: »So, du warmer Kuttenhengst, jetzt kannst du mit dem Arschloch pinkeln.«

Der Pfarrer gab nur ein rasselndes Stöhnen und Röcheln von sich. Wir wuschen ihn ab und legten ihn auf sein Bett. Er wollte dankbar die Hand heben, doch sie sank kraftlos zurück, seine Stimme erstarb, als er uns »danke« sagen wollte. Regungslos, mit offenen Augen, lag er auf seiner Pritsche, bei jeder Bewegung schmerzerfüllt sein Gesicht verzerrend. Mir aber war zumute, als ob ich soeben die fast 2000 Jahre zurückliegende Kreuzigung Christi in neuzeitlicher Form miterlebt hätte. Statt römischer Soldaten Hitlers SS-Büttel, anstelle des Kreuzes die Prügelbank. Die damalige Qual und Pein des Heilandes aber war kaum größer als die, die einer seiner Vertreter auf Erden eintausendneunhundert Jahre später hier in Sachsenhausen hatte erdulden müssen. Am nächsten Morgen, als wir zum Appellplatz marschierten und uns dort aufstellten, mußten wir den Pfarrer fast tragen, da er vor Schmerzen und Schwäche umzufallen drohte. Bei der Meldung unseres Blockältesten an unseren SS-Block- führer beanstandete dieser den Pfarrer: »Kannst du nicht gerade stehen, du Arschloch«, schrie er ihn an und beschimpfte ihn: »Du Drecksau, du schwules Dreckschwein, sag schon, was du bist!« Nun sollte der Pfarrer die Schimpfworte des SS-Oberscharführers wiederholen, doch kein Laut kam über die Lippen des gebrochenen Mannes. Wütend stürzte der SS-Oberscharführer auf ihn hin und wollte ihm, weit ausholend, eine Ohrfeige verabreichen.

Plötzlich geschah das Unfaßbare, das mir bis heute unerklärlich blieb und mir wie ein Wunder, wie ein Fingerzeig Gottes vorkam:

Aus dem dichtbewölkten Himmel kam völlig überraschend ein starker Sonnenstrahl hervor und leuchtete dem Pfarrer genau ins Gesicht. Unter Tausenden angetretener Häftlinge ausgerechnet ihm und genau in dem Augenblick, als er wieder geschlagen werden sollte. Es war merkwürdig still in diesem Augenblick und wie gebannt starrten alle Angetretenen in den Himmel, erstaunt über diese merkwürdige Begebenheit. Der SS-Blockführer schaute ebenfalls verwundert einige Sekunden lang zu den Wolken hoch, ließ langsam seine zum Schlag ausgeholte Hand sinken und ging wortlos und betroffen weg, um am Ende unserer Häftlingsreihe Aufstellung zu nehmen.

Der Pfarrer senkte demütig seinen Kopf und murmelte mit ersterbender Stimme: »Herrgott ich danke dir … Ich weiß, daß meine Stunde gekommen ist...«

Beim Abendappell trat er nochmals mit uns an. Doch brauchten wir ihn nicht mehr zu stützen, wir legten ihn an das Reihenende unseres angetretenen Blockes zu den anderen Toten dieses Tages, damit beim Zählappell unsere Blockbelegschaft vollzählig war … egal, ob lebend oder tot.

Wir Schwule und Lesben haben ein Modell und einen Patron in diesem unbekannten Priester, der gemartert wurde, weil er es gewagt hatte, sowohl schwul als auch ein Mann des Gebets zu sein.

Gott, hilf uns, Deinen lesbischen Töchtern und schwulen Söhnen, im Glauben zu wachsen und zu reifen. Befreie uns von dem Geist der Furcht und der Feigheit. Gib, daß all die Leiden und Schmerzen derer, die in der Vergangenheit verfolgt wurden, weil sie schwul oder lesbisch waren, nicht umsonst gewesen sind, sondern dazu beitragen, in der Zukunft echte Befreiung für uns zu erreichen. Erfülle unsere Herzen mit einem tiefen Bewußtsein Deiner Liebe, damit wir einander in Dankbarkeit zu lieben vermögen.
Amen.

KAPITEL 2

Atheismus und Homosexualität: eine Herausforderung

Das Volk, das im Dunkeln lebte, hat ein helles Licht gesehen;
denen, die im Schattenreich des Todes wohnten,
ist ein Licht erschienen.

Matthäus 4,16

Bei einem homosexuellen Autor las ich, er sehe Religion als Feind der Menschlichkeit. Es erstaune ihn, daß Homosexuelle noch in die Kirche gehen. Er meinte, daß deren Loyalität ihrer Kirche gegenüber entweder von unglaublichem Mut oder unglaublicher Dummheit zeugte. In derselben Zeitung war ein Artikel abgedruckt mit dem Titel: »Eine homosexuelle Liga von Atheisten verabschiedet sich von Gott: Das coming out homosexueller Atheisten.«

Womit ich mich hier befassen möchte, ist die Frage: Wie stellen wir uns als gläubige Homosexuelle der Herausforderung des Atheismus?

Zuallererst ist es wichtig, zwischen denen, die die menschliche Kirche verlassen haben (meist aus gutem Grund), die aber ihren Glauben an Gott behalten, und denen zu unterscheiden, die ihren Glauben an Gott gänzlich aufgegeben haben. Deutlich bewußt sind mir der Schmerz und die Verzweiflung, die hinter der Abkehr vom christlichen Glauben so vieler Schwulen und Lesben verborgen liegen. Ich weiß von Hunderten von Homosexuellen, die ihr Leben verarmen ließen, indem sie sich selbst ihres religiösen Erbes beraubt und sich abgeschnitten haben vom Licht der Liebe Gottes aufgrund ihres Zorns über die menschlich fehlbare Kirche. Viele meiner Klienten haben eine Therapie begonnen und fühlten sich gefangen durch ein unauflösbares Dilemma: An Gott zu glauben, schien notwendigerweise einzuschließen, ihre eigene Homosexualität zu hassen, und ihre Homosexualität zu akzeptieren schien einzuschließen, ihren Glauben an Gott zu verwerfen. Einer der wichtigsten Durchbrüche in ihrer

Therapie war die Einsicht, daß Gott nicht identisch ist mit irgendeiner besonderen Kirche.

Wir alle müssen wachsen in unserem Glauben bis zu dem Punkt, an dem wir trennen können zwischen unserem Glauben an Gott und der menschlichen und fehlbaren Kirche. Wir müssen unser persönliches spirituelles Leben entwickeln, damit wir unseren eigenen direkten und unmittelbaren Kontakt mit Gott haben. Wir können nicht mehr länger zulassen, daß unser Glaube ausschließlich von der Mittlerschaft der Kirche abhängt. Wir sind sonst versucht, allen Glauben aufzugeben, wenn wir von der menschlich-fehlbaren Kirche enttäuscht werden und an ihr Anstoß nehmen. Wir müssen auf Gott setzen, indem wir uns bewußt sind, daß auch Gott sehr wohl Anstoß nimmt an der Kirche. Schließlich war auch Jesus während seiner Lebenszeit in ernsten Konflikten mit seiner »Kirche« und deren Machthaber.

Was können wir von unseren atheistischen Freunden lernen? Wenn wir einen Nicht-Gläubigen treffen, ist es unsere erste Pflicht, uns selbst zu prüfen. Wir müssen uns fragen, in welchem Ausmaß Gott für uns eine lebendige und vitale Realität ist. Der späte Gabriel Marcel, französischer katholischer Philosoph, hat es so ausgedrückt: »Der oder die Gläubige selbst muß sich in einem gewissen Maße verantwortlich sehen für den Unglauben des Andern ... Könnte Gott sich selbst durch uns offenbaren gleich einem Licht, das durch eine transparente Decke scheint, dann würde Er sich selbst unserem Gesprächspartner zu erkennen geben können.«

Dies ist die Herausforderung, die unsere atheistischen Brüder und Schwestern all denen von uns stellen, die als Lesben und Schwule gläubig geblieben sind: Wir müssen zu einer Gemeinschaft der Liebe werden. Wir sollten Gott um Kraft bitten, unseren atheistischen Brüdern und Schwestern seine Liebe zu zeigen. Die Heiden waren betroffen von der Intensität selbstloser Liebe, die in den frühen christlichen Gemeinden präsent war. Und aufgrund der Attraktivität dieser Liebe wollten sie sich dazugesellen und teilnehmen. Wir können das Licht der Liebe Gottes durch uns scheinen lassen. Vielleicht haben unsere atheistischen Freundinnen und Freunde durch uns eine Chance, nicht nur zu erleben, daß Gott existiert, sondern vor allem auch, daß Gott sie als Schwule und Lesben wahrhaft liebt.

Es gibt noch eine andere Lektion, die wir von Atheisten lernen können. Paul VI. drückte es in einer Osteransprache so aus:

Viele unter Ihnen haben vielleicht Ideen über Religion, die ungenau und unzulässig sind. Vielleicht halten sie den Glauben eben für das, was er nicht ist: ein Angriff auf die Vernunft, ein Hindernis für den Fortschritt, eine Demütigung für die Menschen, eine Trauerklage für das ganze Leben.
Vielleicht sind einige unter ihnen, die geschickter sind, das Hervorbrechen des Lichts zu bewillkommnen. Es sei denn, sie sind in einem Schlaf von Faulheit und Unwissenheit gefangen, dann wird die Dunkelheit des Atheismus die Pupillen ihrer Augen verwässern, und der Versuch, den Sinn und das Warum des Lebens und die höhere Fügung entziffern zu wollen, wird zu einer schmerzhaften Anstrengung.

Wir, die wir glauben, müssen uns fragen, in welchem Ausmaß wir unseren Glauben als Angriff auf die Vernunft dargestellt haben, als Hindernis für den Fortschritt, als Demütigung für die Menschen und als Trauerklage über das ganze Leben. Unsere atheistischen Freunde tun gut, ihre Distanz zu wahren, wenn wir noch immer einen in unseren Über-Ichs geschaffenen Gott der Furcht anbeten. Meine Erfahrung ist, daß die meisten Atheisten sich unbewußt große Mühe geben, den Begriff von Gott zu reinigen und Götzenbilder zu zerstören. Wenn sie auf einer bewußten Ebene die Natur des Gottes, an den zu glauben sie sich weigern, erhellen könnten, so glaube ich, daß die meisten von uns mit ihnen übereinstimmen würden hinsichtlich der Ablehnung dieses Gottes, unseres Glaubens und unserer Anbetung. Wir müssen auf unser atheistischen Kritiker hören. Sie picken die neurotischen und unausgegorenen Aspekte unseres Glaubens heraus.
Ich glaube, es gibt ein notwendiges atheistisches Stadium in der psychischen Entwicklung von Lesben und Schwulen. Dies kann man vergleichen mit dem Stadium theologischen Denkens, das man den »negativen Weg« nennt. Für die meisten meiner Klienten ist die Idee von Gott gleichbedeutend mit homophobem Selbsthaß. Der einzige Weg, mit Gott umzugehen, bedeutet für sie, Abstand von der Religion zu nehmen, während sie mit dem Prozeß des coming out und der Selbstakzeptanz beschäftigt sind. Erst wenn sie ein sicheres, positives

Bild von ihrem Selbst entwickelt haben, sind sie fähig, eine kritische Wende zur Frage des religiösen Glaubens zu wagen.

Oft benutzen wir unsere Religion als eine Sicherheit, als Versicherung gegen eine unsichere Zukunft, anstatt durch Herausforderung zu wachsen und all unsere kreativen Möglichkeiten zu erkennen. Oft bleiben wir Kinder, passiv und verantwortungslos und sind eher an dem interessiert, was wir von der Religion bekommen, anstatt anzubieten, was wir geben können.

Lesbischen und schwulen Gläubigen muß sehr deutlich bewußt sein, daß in jeder menschlichen Begegnung Gott gegenwärtig ist. Es liegt in unserer Macht, Gott in unser Leben zu nehmen oder Gottes Gegenwart zu verleugnen. Gott wird in unserem Leben sein, insofern wir bereit sind, unser Leben in Liebe zu leben als Antwort des Dankes auf die Liebe, die uns Gott in Jesus gezeigt hat.

Mögen euch das Bewußtsein und die Erfahrung der Liebe Gottes zu euch lesbischen Frauen und schwulen Männern mit Freude erfüllen und euch verwandeln zu Botschaftern der Liebe.
Amen.

KAPITEL 3

Pathologische und gesunde Religion

*Ich bin Jahwe, dein Gott, der ich dich aus Ägypten geführt hat; aus
dem Sklavenhaus. Du sollst neben mir keine anderen Götter haben.*

Exodus 20,1-3

Schwule und Lesben müssen besonders klar unterscheiden können
zwischen pathologischen und gesunden religiösen Glaubenssystemen,
denn sie werden sehr leicht Opfer von pathologischer Religion.[1]
Wenn pathologische Glaubenssysteme und Gefühle tief im Unbewußten von Homosexuellen verankert werden, kann das Ergebnis zu
einer Weigerung einer gesunden Selbstakzeptanz führen.

Wie alles, was im Zusammenhang mit Menschen steht, so spiegeln
auch religiöse Glaubenssysteme psychologische Gesundheit bzw.
Krankheit wider.

W. Robert Beavers: *Psychotherapy and Growth: A Family Systems
Perspective*[2] ist eine der besten Untersuchungen über die Unterschiede
religiösen Glaubens bei gesunden Familien und Familien mit ernsthaften psychischen Erkrankungen.

Dieses Buch basiert auf einer empirischen Langzeituntersuchung und
teilt die Familien in drei Gruppen ein: schwer dysfunktional, durch-
schnittlich und optimal. Die Unterscheidungen basierten auf dem
Grad der geistigen Erkrankung in der jeweiligen Familie bzw. auf
dem Grad der Fähigkeit, den Alltag zu meistern. Zum Beispiel werden
Familien als schwer dysfunktional bezeichnet, wenn einer oder mehrere Angehörige häufig mentaler Zusammenbrüche wegen eingewie-
sen worden waren. Unter optimalen Familien versteht man auf der
anderen Seite solche, bei denen keine Spur von geistiger Erkrankung
zu erkennen war.

Beavers untersuchte u.a. die Rolle der »transzendenten Werte«, die
normalerweise die Form von traditionellem religiösem Glauben
einnehmen. Diese zugrunde gelegten Werte befähigen Familien,
sich den unausweichlichen Verlusten anzupassen, die sich aus

31

Wachstum, Entwicklung, Altern und Tod ergeben. Gesunde Familien müssen z.B. in der Lage sein, sich selbst aufzulösen. Kinder wachsen auf, verlassen ihr Zuhause und werden zu selbständigen Erwachsenen. Eltern werden alt, erfahren körperlichen Verfall, werden krank und sterben. Ein großer Teil der Krankeitsgeschichte einer Familie hat mit der Verneinung dieser Realitäten zu tun. Die Unfähigkeit von Eltern, ihre Kinder gehen lassen zu können, oder die Unfähigkeit der Kinder, sich von ihren Eltern zu lösen, steht für gewöhnlich im Zusammenhang mit der Verweigerung, unsere eigene Sterblichkeit zu akzeptieren. Beides ist eine Form von Verleugnung des Todes.

Jede Kultur muß eine Reihe von »mythischen« Wahrheiten bereitstellen, ein Glaubenssystem, das jedes Mitglied der Gesellschaft berührt, das sie zu einem Ganzen zusammenschließt, indem eine Gruppenidentität hergestellt wird und eine gewisse Form von Vertrauensbeziehung zwischen dem Individuum und einem dem Menschen nicht mehr feindlichen Kosmos entsteht. Ein gesundes System von transzendenten Werten erlaubt Familienangehörigen, sich selbst als im Mittelpunkt des Universums zu empfinden und ihre Aktivitäten als bedeutungsvoll einzuschätzen, ohne von unveränderlichen familiären Beziehungen abzuhängen. Sehr häufig erreichen Familien diese Art von Im-Mittelpunkt-Stehen durch herkömmliche Religionssysteme. Oft spiegelt das Glaubenssystem die Notwendigkeiten und Überzeugungen des Individuums wieder und verbindet mehrere humanitäre Ziele mit transzendenten Werten. In jedem Fall ist eine gewisse Form von Wertsystem, das über die Sicherheit der Familie hinausgeht, für das Erlangen geistiger Gesundheit notwendig.

Beavers' wichtigste Lektion ist, daß bei optimalen Familien die Fähigkeit, Verluste zu akzeptieren, verbunden ist mit einem System von transzendenten Werten, das Hoffnung, Vertrauen und Sinn bereitstellt, wenn menschliche Hilflosigkeit überhand zu nehmen droht. Wie Robert Browning sagt: Es gibt nur eine einzige ernste Frage im Leben: Können wir lieben aufgrund der Tatsache, daß das geliebte Objekt sterben muß? Uns allen ist die Beziehung zwischen Vertrautheit und unserem Wissen um menschliche Begrenztheit und Tod schmerzlich bewußt.

Vom therapeutischen Standpunkt ist die elementare Streitfrage bezüglich religiöser Glaubenssysteme nicht, ob diese »wahr« oder »falsch« sind, sondern ob sie ein unterstützendes System bieten, das eine gesunde Entwicklung im Individuum und der Familie erlaubt. Oder aber: Funktionieren religiöse Systeme auf die Weise, daß sie per se pathologisch wirken?

Ein weitverbreiteter religiöser Glaube ist, daß »Gnade auf der Natur aufbaut«. Mit anderen Worten: Religiöses Leben gründet sich auf einem guten Fundament menschlicher Gesundheit. Daher können wir legitimerweise den Wert eines religiösen Systems aufgrund dessen psychologischer Konsequenz einschätzen. Gute Theologie wird gute Psychologie zum Ergebnis haben und umgekehrt. Demgemäß wird schlechte Theologie negative psychologische Konzequenzen haben. Das bedeutet nichts weiter als die Anwendung der biblischen Norm: »An ihren Früchten werdet ihr sie erkennen« (Matthäus 7,16). Wenn, wie Irenäus verkündete, die Herrlichkeit Gottes in den Menschen gänzlich wirksam ist, dann kann ein Glaubenssystem, das auf die Vernichtung menschlicher Gesundheit hinausläuft, sicherlich nicht der Verherrlichung Gottes dienen.

Die empirischen Merkmale der auf der Grundlage von Untersuchungen in Familien näher bestimmten religiösen Glaubenssysteme helfen uns weiter. Wenn beispielsweise ein religiöses Glaubenssystem Unterstützung sowohl für individuelle Gestaltung als auch für menschliche Grenzen und Verwundbarkeit zugesteht und anbietet, dann stimmt es mit dem Regelsystem einer optimalen Familie überein. Auf der anderen Seite stehen Glaubenssysteme, die vor individueller Gestaltung und Entscheidungsfreudigkeit zurückschrecken. Sie wollen uns in autoritärer Weise Regeln und Glaubenssätze aufbürden, die keinen Raum lassen für ein persönliches Sich-Entdecken, die Gehorsam durch Angst vor Bestrafung oder Ablehnung unterstützen. Sie fordern zu einem hoffnungslosen Suchen nach Perfekt-Sein-Wollen auf, insbesondere indem sie die totale Unterdrückung von jeglicher Sexualität oder von Gefühlen der Wut und des Ärgers verlangen und schließlich eine Einschätzung eigener Fähigkeiten durch ein falsches Verständnis von Demut erschweren. Diese Systeme überwiegen in ernsthaft dysfunktionalen

Familien und zeigen, daß hier Glaubenssysteme grundsätzlich falsch funktionieren.

Teil des therapeutischen Prozesses für Lesben und Schwule, die einen religiösen Hintergrund haben, sollte sein, völlige Klarheit in bezug auf verborgene Glaubenssysteme und die damit verbundenen Gefühle von Scham und niedrigem Selbstwertgefühl herzustellen, so daß sie durch gesunde religiöse Wertmaßstäbe eines bewußten Ich herausgefordert werden können.

Die Unterscheidung zwischen pathologischer und gesunder Religion betrifft alle denominationellen Gebundenheiten: Jede Denomination oder Sekte kann pathologische oder gesunde Antworten bei ihren Mitgliedern hervorbringen. Der Einfluß der Eltern ist ebenso entscheidend. Es gibt eine direkte Beziehung zwischen der Art von Erziehung, die eine Person erfahren hat und dem Grad, in dem die religiösen Glaubenssätze diesen Individuums pathologisch oder gesund sind. Jene, die gute und liebende Eltern gehabt hatten, werden offen sein für eine befreiende Botschaft der Liebe. Liebende Eltern können »das Gift der Religion entschärfen« und so ihren Kindern ermöglichen, nur ihre guten Seiten zu genießen. Im Gegensatz dazu werden ungeliebte Kinder dazu neigen, sich selbst einen nichtliebenden Gott zu schaffen, dem sie aus Angst gehorchen.

Pathologische Religion hat viel gemeinsam mit der ernsthaft dysfunktionalen Familie. Sie basiert auf Angst vor Bestrafung mit dem Ziel, Gehorsam zu erhalten; sie benutzt Schuldgefühle als subtilen Hebel zu Manipulation und Kontrolle. Sie meidet Freiheit und kultiviert blinden, bedingungslosen Gehorsam. Sogar normale Zweifel werden bestraft und unterdrückt, weil sie als bedrohlich angesehen werden. Pathologische Religion und pathologische Familien definieren sich immer selbst dadurch, wogegen sie sind, und bleiben unklar in der Frage, wofür sie sind. Beide sehen überall Feinde: Medien, Humanisten, Kommunisten, Intellektuelle, Feministen, Schwule, Weltverbesserer etc.

Neuerliche Erklärungen des Vatikans und seiner lokalen Hierarchien scheinen den Wunsch anzudeuten, auch die Kirche nach den Aufbrüchen des Zweiten Vatikanischen Konzils zu einer völlig autoritären Religion zurückzudrehen, zu einer Kirche, die den Laien und sogar professionellen Theologen jedes Recht verweigert, zu beurteilen, wie religiöse Prinzipien auf die komplexen Probleme des modernen Lebens angewandt werden sollen.

Diese Art von religiösem Glauben scheint die pathologische Geistesverfassung und Ungewißheit der ernsthaft dysfunktionalen Familie widerzuspiegeln. Es scheint, daß der augenblickliche Zustand der kirchlichen Hierarchie, insbesondere in Rom, von einer pathologischen Ungewißheit hinsichtlich Macht und Autorität und der Existenz der römischen Bürokratie als solcher gekennzeichnet ist. Konsequenterweise versucht sie, der gesamten Kirche autoritäre Regeln aufzuerlegen; Regeln, die der psychischen Gesundheit und einem Wachsen im Glauben entgegengesetzt sind.

Ein vielzitierter neutestamentlicher Text wird in letzter Zeit häufig falsch und in bösartiger Weise ausgelegt. In Matthäus 5,48 wird berichtet, daß Jesus sagt: »Ihr sollt also vollkommen sein, wie es auch euer himmlischer Vater ist.« Das Fazit der Auslegung dieses Abschnitts ist oft eine Art moralischer Perfektion, die für den Menschen unmöglich zu erreichen ist. Schwule und Lesben sind besonders empfänglich dafür, sich in der Suche nach einer nicht zu erreichenden Perfektion zu verfangen – als Kompensation für ihr Anderssein. Aber das griechische Wort im Originaltext, *teleios*, impliziert keine moralische Perfektion. Der Terminus, wie ihn Aristoteles und andere griechische Philosophen gebrauchten, stammt aus der Biologie und beschreibt einen Organismus, der zu seiner vollen Entfaltung gelangt ist. Zum Beispiel ist eine ausgewachsene Eiche der *teleios* einer Eichel. Was uns also gesagt wird ist, daß wir so werden sollen, wie Gott uns haben will: Wir müssen zu selbstverwirklichten Menschen werden. Paulus gebraucht dasselbe Wort, wenn er uns ermahnt, zur selben Fülle an reifer Menschlichkeit zu gelangen, wie sie Jesus ausgestrahlt hatte. Die heilsame Implikation für Homosexuelle in diesem Text ist: Gott möchte, daß sie werden, was sie sind: gesunde, reife lesbische Frauen und schwule Männer.

Lesbische und schwule Gläubige haben das Recht und die Aufgabe, alle religiösen Glaubenssysteme vorsichtig zu prüfen und zu unterscheiden zwischen solchen Glaubenssystemen, die unser Bedürfnis, eine gesunde Selbstakzeptanz zu erreichen, unterstützen, und solchen, die destruktiv wirken in bezug auf unsere psychische Gesundheit und Reife.

Gott, sende Deinen Geist der Liebe, damit wir als Lesben und Schwule unterscheiden lernen, was gesund und was zerstörerisch wirkt in unserem persönlichen Glaubenssystem. Hilf uns, unsere Kirche mutig zur Rede zu stellen, wann immer sie in einer Weise handelt, die unserm Wohlbefinden und unserer psychischen Gesundheit schadet. Amen.

KAPITEL 4

Spirituelle Reife:
eine Herausforderung für lesbische
und schwule Christinnen und Christen

*Es ist dir gesagt worden, Mensch, was gut ist
und was der Herr von dir erwartet:
Nichts anderes als dies: Recht tun, Güte und Treue lieben,
in Ehrfurcht den Weg gehen mit deinem Gott.*

Micha 6,8

Eine Hauptaufgabe religiöser homosexueller Gruppen, die das geistliche Wachstum ihrer Mitglieder unterstützen wollen, ist, uns zu lehren, wie man auf eine gesunde Art und Weise selbstbewußt werden kann; so daß wir fähig werden, Verantwortung vor Gott und unseren Mitmenschen hinsichtlich unserer eigenen Entscheidungen und unseres eigenen Lebens zu übernehmen. Wir müssen lernen, daß wir nicht leben können, indem wir einfach den Ansprüchen der anderen gerecht werden, seien diese anderen nun die Eltern oder kirchliche Beamte.

Als lesbische Frauen und schwule Männer müssen wir spirituell eine persönliche Neubewertung unseres Erbes vornehmen. Denn vieles von dem, was zu uns von der Kirche herabkam, wurde durch das Übel der Homophobie verseucht. Wir müssen uns selbst fragen, welche der kirchlichen Werte wir beibehalten und ob wir sie weiterhin respektieren und schätzen wollen. In anderen Worten: Welche Werte sind kompatibel mit dem, was wir sind, und sind nicht destruktiv in bezug auf unsere persönliche Würde. Wie ich früher erwähnte, ist alles, was destruktiv ist, auch schlechte Theologie. So wird das Benennen dieser destruktiven Elemente ein Dienst für die Kirche sein: Wir helfen, menschlich-allzumenschliche Traditionen von dem authentischen Wort Gottes zu scheiden.

Der Prozeß des Selbstbewußt-Werdens und der Reife hat eine Grundlage in Gottes Offenbarung. Pfingsten, das Kommen des Heiligen

Geistes, war die letzte einer Reihe von Erscheinungen oder Offenbarungen Gottes: Als die Anhänger des Mose anfingen, Gott im Bild des Goldenen Kalbes anzubeten (ein Anbeten, das notgedrungener Weise Entmenschlichung und Entpersonalisierung des Selbst und eine Regression zurück zum Unmenschlichen beinhaltete), da enthüllte sich Gott selbst als Person. Die zentrale Botschaft dieser Offenbarung war, daß Gott eine Person ist, und daß wir Gott insbesondere durch die Entwicklung unserer spezifischen menschlichen Fähigkeiten, wie Arbeit, Freude, Spiel und Liebe, wahrhaft anbeten sollen.

Die fortschreitende Offenbarung von Gottes Selbst als Vater, Sohn und Heiliger Geist stellt eine weitreichende Identifizierung der göttlichen Gegenwart mit deren Verinnerlichung in unserem Leben dar. Zuerst erscheint Gott als eine Elternfigur, die Gesetze aufstellt und Gehorsam verlangt; und doch als eine Elternfigur, die zuverlässig, mitfühlend und zur Vergebung bereit ist. Im zweiten Stadium seiner Selbstoffenbarung wird uns Gott gegenwärtig als ein mitmenschliches Wesen in der Gestalt Jesu, als unser Bruder und Mitmensch. In diesem Stadium ist Gott immer noch außerhalb unserer selbst, aber in der Menschlichkeit Jesu bereits zugänglicher. Im letzten Stadium erscheint Gott als der Heilige Geist der Liebe, der nun in uns wohnt. Wie der Prophet Jeremia darlegte, war der Alte Bund mit Gott gegründet auf dem Gesetz und der äußerlichen Autorität Gottes: »Diesen meinen Bund haben sie gebrochen, obwohl ich ihr Gebieter war« (Jeremia 31,32). Wie auch immer, der Neue Bund ist im Grunde genommen anders. Im Neuen Bund, prophezeit Jeremia, wird Gott das Gesetz tief in uns hineinschreiben, in unsere Herzen. Als Folge wird jedes menschliche Wesen, vom Geringsten bis zum Größten, fähig sein, den Willen Gottes in sich selbst und seinem Erleben zu finden:

»Denn das wird der Bund sein, den ich nach diesen Tagen mit dem Haus Israel schließe – Spruch des Herrn: Ich lege mein Gesetz in sie hinein und schreibe es auf ihr Herz: Ich werde ihr Gott sein und sie werden mein Volk sein. Keiner wird mehr den anderen belehren, man wird nicht zueinander sagen: Erkennt den Herrn!, sondern sie alle, klein und groß, werden mich erkennen – Spruch des Herrn.

Denn ich verzeihe ihnen die Schuld, an ihre Sünde denke ich nicht mehr« (Jeremia 31,33-34).

In seiner Predigt beim letzten Abendmahl sagte Jesus zu seinen Jüngern: »Es ist gut für euch, daß ich fortgehe. Denn wenn ich nicht fortgehe, wird der Beistand nicht zu euch kommen« (Johannes 16,7). Warum mußte Jesus aus unserer Mitte gehen, damit der Geist des Neuen Bundes kommen konnte ? Solange Jesus unter den Aposteln gegenwärtig war, hatten diese ihr Autoritätszentrum und ihre Führung außerhalb ihrer selbst. Solange sie unter der persönlichen Autorität Jesu verweilten, waren sie noch immer Kinder. Sie waren noch nicht völlig zu schöpferischen und verantwortungsbewußten Erwachsenen geworden.

Mit dem Tod und der Auferstehung Jesu und dem Kommen des Heiligen Geistes empfingen die Apostel sowohl eine Herausforderung als auch eine Gelegenheit zur Reifung. Sie mußten die Sicherheit und den Beistand einer vorsorglichen Führerschaft abgeben. Von dieser Zeit an mußten sie den Willen Gottes in sich selbst finden. Erst nach dem Kommen des Heiligen Geistes fühlten sich die Apostel mutig genug, die Sicherheit des oberen Zimmers zu verlassen und hinauszugehen in die Welt als schöpferisch und verantwortungsbewußt Handelnde des Geistes. Mein Gebet und meine Hoffnung ist, daß die lesbische und schwule religiöse Gemeinde die Gnade des Heiligen Geistes empfangen wird, damit sie ihr Versteck verlassen und mutig hinausgehen kann, um der Kirche und der Welt entgegenzutreten mit einem absoluten Vertrauen in ihre Aufgabe und Sendung.

In gewisser Weise müssen wir alle den Reifeprozeß rekapitulieren, den die Apostel durchlaufen haben. Als Kinder neigen wir notwendigerweise dazu, Gott vor allem im Bild einer Elternfigur zu begreifen. Als junge Männer und Frauen können wir uns beziehen auf Jesus als unseren Bruder und unser Vorbild. Als Erwachsene aber fangen wir an, uns auf Gott zu beziehen hauptsächlich durch den Geist der Liebe.

Es gibt eine Tendenz in unserem spirituellen Leben, unreif zu bleiben, immer Kind sein wollen; passiv, gehorsam oder rebellierend, in jedem Falle aber verantwortungslos. Obgleich wir uns manchmal ein gesundes Regredieren in die Kindheit erlauben mögen, so ist es dennoch das Los jeden Kindes, erwachsen zu werden. Wir müssen die Familie verlassen, in die wir hineingeboren wurden, Vater und Mutter verlassen und unser eigenes Beziehungsnetz aufbauen.

Ebenso sollten wir alle in unserem geistlichen Leben von einer passiven, verantwortungslosen Rolle zu einer aktiven und kreativen innerhalb unserer spirituellen Gemeinde gelangen. Die schwule und lesbische christliche Gemeinschaft braucht insbesondere reife, selbstmotivierte und autonome Führer: Führer, die ein kritisches Urteilsvermögen besitzen, die in schöpferischer Weise ärgerlich sein können und die fähig sind, sich zur Kirche als kritisierende Liebhaber und liebende Kritiker zu verhalten.

Die schwule und lesbische christliche Gemeinschaft stellt einen Versuch dar, eine spirituelle Gemeinde der Liebe zu bauen: zuallererst eine der Selbstliebe, dann der Liebe zu unseren lesbischen Schwestern und schwulen Brüdern und schließlich der Liebe zur Kirche, immer mit der Forderung, sie von ihrer sexistischen, heterosexistischen Versklavung zu befreien. Aber jede wirkliche Liebe ist eine Gabe Gottes. Von daher gehören spirituelle Kraft und Gottes Hilfe zusammen, damit die Arbeit der homosexuellen Bewegung getan werden kann.

Wir müssen denken, leben, arbeiten und spielen in der Gegenwart Gottes. Wir müssen unsere Gedanken herausführen aus der angstvollen Isolation zu einem angstfreien Gespräch mit Gott. Verständlicherweise gibt es hier eine tiefe Abwehr, uns selbst verletzlich zu machen, nackt, so total ungeschützt. Wir wollen Gott lieben; wir wollen aber auch eine kleine Ecke unseres inneren Lebens für uns selbst behalten, damit wir uns im Winkel verstecken können. Dieselben Ängste, die uns oftmals davon abhalten, miteinander vertraut zu sein, halten uns auch davon ab, mit Gott vertraut zu sein. Meine Hoffnung ist, daß wir fähig werden, einige der Barrieren abzubauen, die uns daran hindern, offen zu sein mit Gott und mit uns selbst, miteinander und mit der Welt.

Hier gilt das Versprechen, das Gott durch den Propheten Jesaja (58,6-12) allen gegeben hat, die für die Befreiung der Unterdrückten arbeiten:

40

»*Das ist ein Fasten, wie ich es liebe:*
die Fesseln des Unrechts zu lösen, die Stricke des Jochs zu entfernen,
die Versklavten freizulassen, jedes Joch zu zerbrechen, an die
Hungrigen dein Brot auszuteilen, die obdachlosen Armen ins Haus
aufzunehmen, wenn du einen Nackten siehst, ihn zu bekleiden und
dich deinen Verwandten nicht zu entziehen. Dann wird dein Licht
hervorbrechen wie die Morgenröte und deine Wunden werden schnell
vernarben. Deine Gerechtigkeit geht dir voran, die Herrlichkeit des
Herrn folgt dir nach. Wenn du dann rufst, wird der Herr dir
Antwort geben, und wenn du um Hilfe schreist, wird er sagen: Hier
bin ich.
Wenn du der Unterdrückung bei dir ein Ende machst, und keinen
mit dem Finger zeigst und niemand verleumdest, dem Hungrigen
dein Brot reichst und den Darbenden satt machst, dann geht im
Dunkel dein Licht auf, und deine Finsternis wird hell wie der
Mittag.
Der Herr wird dich immer führen, auch im dürren Land macht er
dich satt und stärkt deine Glieder.
Du gleichst dem bewässerten Garten, einer Quelle, deren Wasser
niemals versiegt.
Deine Leute bauen die uralten Trümmerstätten wieder auf, die
Grundmauern aus der Zeit vergangener Generationen stellst du
wieder her.
Man nennt dich den Maurer, der die Risse ausbessert, den, der die
Ruinen wieder bewohnbar macht.«

ZWEITER TEIL

INTIMITÄT MIT GOTT

Die Gegenwart Gottes fühlen

Ich erinnere mich noch sehr gut an den Schock, den ich als Novize der Gesellschaft Jesu hatte, nachdem ich erstmals Ignatius von Loyolas »Geistliche Übungen« las. In einer Diskussion beim Morgengebet empfiehlt Ignatius, die Meditationsthemen am Abend zuvor vorzubereiten. Beim Morgengebet, so Ignatius, sollte man einen Augenblick innehalten, bevor man zu meditieren beginnt, um sich der Gegenwart Gottes zu erinnern und, wenn Gott die Gnade gibt, diese Gegenwart zu *fühlen*, um getrost in diesem Gefühl ruhen und weitere Reflektionen über die vorbereiteten Themen vergessen zu können.

Ignatius' Aussage ist, daß Gott in seiner/ihrer Güte uns manchmal sofort gibt, wonach wir verlangen: gefühlte Gegenwart und Gemeinschaft der Liebe. Deshalb ignorieren wir gewissermaßen Gott, wenn wir uns von dieser unmittelbaren Erfahrung abwenden und uns anderen Meditationsthemen widmen. Es ist so, als würdest du TV sehen oder die Zeitung lesen, während dein Liebhaber Zeit mit dir verbringen und mit dir reden möchte.

Mein Schock war: Obwohl ich bewußt diese frühe Stunde im Gebet verbrachte, weigerte ich mich heftig, die Gegenwart Gottes zu fühlen. Der Deckel eines ganzen Hexenkessels voll siedender Emotionen hob sich eine Sekunde lang: Gefühle von Ärger, Furcht und Schuld, deren ich mir nicht völlig bewußt war. Ich ahnte, daß ich auf verschiedene Weise eine Intimität mit Gott behinderte, wo er doch eine intime, direkte und persönliche Beziehung zu mir haben wollte. Allein der Gedanke an diese vertraute Gegenwart rief intensive emotionale Reaktionen in meinem Unbewußten hervor.

Experten der spirituellen Orientierung definieren diese Übung als »eine Hilfe, die ein Christ einem anderen gibt und die wiederum jene Person befähigt, aufmerksam zu sein bezüglich Gottes persönlicher Anrede, um auf diesen persönlich kommunizierenden Gott zu reagieren, um im Vertrautsein mit Gott zu wachsen und um die Konsequenzen dieser Beziehung auszuleben.«[1]

Das Hauptaugenmerk dieser Form von Führung ist in der Erfahrung zu sehen, und diese Erfahrung ist kein isoliertes Geschehen, sondern eher ein Ausdruck der ständigen persönlichen Beziehung, die Gott mit jedem von uns hergestellt hat.

Gewiß hätten diejenigen von uns, die als lesbische oder schwule Christen aufwuchsen, einen fähigen, nichthomophoben spirituellen Führer gebrauchen können. Aber wenige von uns, wenn überhaupt, hatten dieses Vorrecht. Im zweiten Teil dieses Buches werde ich mich befassen mit den drei prinzipiellen Gefühlsregungen, die uns von einem Vertrautsein mit Gott abhalten: Ärger, Furcht und Schuld. Ebenso werde ich die besonderen Fragen untersuchen, die für Schwule und Lesben auftauchen aufgrund dieser Gefühle.

Bevor ich mit dieser Diskussion beginne, möchte ich gern ein fundamentales Prinzip wiederholen: Gute Psychologie ist gute Theologie und umgekehrt. Wenn das Ausleben unseres Verständnisses der Schrift und der Gesetze Gottes uns menschlich kaputt macht, wenn wir bei dem Versuch, dieses Leben zu leben, neurotisch werden, depressiv, abhängig von Drogen oder Alkohol, gereizt und unglücklich, dann ist etwas falsch mit unserer persönlichen Beziehung zu Gott.

Die große Häresie pathologischer Religion ist, daß wir Gott nur verherrlichen können, wenn wir frustriert, unglücklich oder leidend sind. Diese falsche Konzeption führte u.a. Marx zu der berühmten Religionskritik: Gott zu glorifizieren bedeutet, das Menschliche zu verleugnen. Daher müsse alles, was das Menschliche aufbauen will, sich auf der Verleugnung Gottes gründen.

In der Schöpfungsspiritualität eines Meister Eckart finden wir das genaue Gegenteil des Marxschen Verständnisses von Christentum. Diese Spiritualität ist gegründet auf das Prinzip, Gott ruft uns auf, das »Leben zu wählen«. Das erste Prinzip eines christlichen Lebens ist, daß wir uns des Lebens freuen sollen in einem Geist der Dankbarkeit für all die guten Gaben des Lebens. Wir sollten bemüht sein, diese Freude mit möglichst vielen zu teilen. Um das Leben wählen zu können, müssen wir uns mit den hauptsächlichen Hindernissen für ein Vertrautsein mit Gott und den anderen beschäftigen. In der Genesis sagt Gott:»Es ist nicht gut, daß der Mensch allein bleibt.

Ich will ihm eine Hilfe machen« (2,18). Ich hoffe, daß die folgenden Kapitel allen meinen lesbischen und schwulen Schwestern und Brüdern dazu helfen werden, daß sie herausfinden, was sie in ihrem Vertrautsein mit anderen und mit Gott hindert und wie sie diese Barrieren abbauen können.

KAPITEL 5

Zum Umgang mit Ärger, Zorn und Wut

Leben und Tod lege ich dir vor, Segen und Fluch.
Wähle also das Leben.

Deuteronomium 30,19

Das Gefühl von Ärger und Wut, samt seiner Beziehung zu Lebensbereichen wie Spiritualität und Intimität, wird oft in gravierender Weise mißverstanden. Eine der größten Herausforderungen, von der die lesbische und schwule Bewegung immer schon betroffen war, ist: Wie kann man in kreativer und produktiver Weise mit dem Ärger und den Frustationen umgehen, die sich notwendigerweise ergeben aus unserer Entfremdung von der Familie, Kirche und Gesellschaft. Aufgrund der AIDS-Epidemie kam eine neue und manchmal überwältigende Dimension von Ärger und Wut hinzu.

Viele Bereiche der ärgerlichen Frustation angesichts AIDS werden durcheinandergeworfen und nicht richtig angegangen, so daß ein Umgang damit schwierig wurde. Soll eine Person mit AIDS sauer sein auf die Person, die sie angesteckt hat, falls sie diese Person kennt? Sollen wir uns über uns selbst ärgern aufgrund der Verhaltensweise, die uns tatsächlich oder auch nur potentiell gegenüber AIDS anfällig gemacht hat, oder sollen wir etwa ärgerlich sein, daß wir überhaupt unser coming out erfahren haben? Sollen wir frustriert sein über die Homosexuellenbewegung, weil sie womöglich einen Lebensstil angenommen hat, der die Ausbreitung der Krankheit erlaubte? Sollen wir wütend sein auf den medizinischen Apparat, weil er uns kein Heilmittel anbietet; oder auf die Regierung, weil sie nicht die richtigen Forschungs- und Schulungsprojekte fördert? Sollen wir mit Kirche und Gesellschaft hadern, weil sie uns das Recht eines monogamen Lebensstils verweigern, das protegiert wäre durch eine Gesetzesgrundlage? Oder sollen wir ärgerlich sein mit Gott, der scheinbar in die Hände unserer Feinde arbeitet, indem er es zuläßt, daß eine tödliche Krankheit mit unserem Lebensstil assoziiert wird?

47

Aufgrund der vielfältigen Schwierigkeiten, diesen Ärger richtig einzuschätzen, ist es leichter für diesen Ärger, in neurotischer und selbstzerstörerischer Weise auszubrechen. Depression kann zum Beispiel eine Form von »hinuntergeschlucktem« Ärger sein; Ärger, den wir innerlich horten, weil wir keinen Weg sehen, ihn in kreativer Weise auszudrücken. Wir können jedoch ein besseres Verständnis unserer Wut und unseres Ärgers und des konstruktiven und kreativen Umgangs mit ihm erreichen, insbesondere der schwierigsten Art: des Ärgers über Gott.

Im Mittelalter wurden in einer Bergregion Frankreichs die Betroffenen von Hypothyreose als »cretins« bezeichnet, weil sie fortwährend verhalten, schweigsam, schwerfällig und gefühllos waren. Erstaunlicherweise bedeutet das Wort »cretin« Christ. Im populären Verständnis verkörperten diese unglücklichen, kranken Menschen jene Art von gefühlloser Heiligkeit, die die Leute verwechselten mit wahrhaft christlichem Verhalten. Auch wir wachsen häufig mit dem Gefühl auf, daß gute Christen niemals auf jemanden wütend oder ihm gar feindlich gesonnen sein sollen. Folglich erscheint bereits das Fühlen von Ärger und Wut als Sünde. Aufgrund dessen lehrt man uns, alle solchen Gefühle zu unterdrücken und zu verleugnen.

Der sowohl von Erwachsenen als auch von Kindern am häufigsten gebrauchte vorherrschende Verdrängungsmechanismus ist das »Mutter-bei-Laune-halten«-Syndrom. (Dieses Syndrom ist ebenfalls auf den Vater anwendbar, insofern er eine aktive Rolle in der Kindererziehung spielt.) Das Kind ist absolut abhängig von dem Wohlwollen und der Liebe der Elternfigur. Wenn die Mutter nicht eine gute und liebende ist, erfährt das Kind Ärger und Frustration. Darüber hinaus wird das Kind fürchten, daß sein Ärger die Mutter von ihm weiter entfernen wird. Für das Kind ist der Verlust der Mutter gleichbedeutend mit dem des eigenen Lebens. Daher wird das Kind jegliche ambivalenten und negativen Gefühle instinktiv zu verdrängen und zu verleugnen suchen. Die »beste« Weise, mit der Kinder dies erreichen, liegt in der Erniedrigung ihres Selbstvertrauens und der Rückwendung ihres Ärgers auf sich selbst: »Ich muß sehr böse gewesen sein, damit Mutter so ärgerlich mit mir geworden ist.« Wenn ein Kind einmal diesen Mechanismus des Umgangs mit Ärger geschluckt hat, wird es bei dieser Tendenz für den Rest seines Lebens bleiben. Wenn eine solche Person im späteren Leben schlecht behandelt wird, ärgert sie sich nicht über die mißhandelnde Person, sondern dirigiert den Ärger in das eigene Innere.

Wir haben alle schon von Fällen gehört, in denen z.b. eine drogenabhängige Mutter Freude daran hatte, ihrem eigenen Kind Brandwunden mit ihrer Zigarette zuzufügen. Wenn man ein Kind fragt, welche Art von Eltern so etwas zu tun imstande sind, dann wird das Kind unvermeidlicherweise fast immer antworten:»Meine Mutter ist gut. Sie würde dies nie getan haben, wenn ich nicht so böse gewesen wäre.« Unter diesen extremen Umständen ist der Mechanismus »Die Mutter bei Laune halten« eine vergleichsweise gesunde psychologische Lösung, weil es dem Kind die Möglichkeit gibt, mit der Wirklichkeit in Verbindung zu bleiben und die Illusion aufrechtzuerhalten, daß es einer gewissen Aufmerksamkeit und Kontrolle unterliegt. Jede andere Lösung führt häufig zu einem psychotischen Zusammenbruch. Ein Problem entsteht jedoch, wenn dieser unbewußte Mechanismus bis ins Erwachsenenalter beibehalten wird, wo er andere und gesündere Verhaltensweisen behindert. Ähnliche Mechanismen zur Unterdrückung von Wut, Ärger und Frustration sind sehr häufig anzutreffen bei Kindern von Eltern mit einem Alkoholproblem.

Dieser Mechanismus wird oftmals verstärkt durch die religiöse Erziehung, die das Kind erhält. Viele von uns werden in dem Glauben erzogen, daß Ärger und Zorn sündig seien; außerdem vermittelt uns die Schrift widersprüchliche Botschaften. Passagen wie »Jeder, der seinem Bruder auch nur zürnt, soll dem Gericht verfallen sein« (Matthäus 5,22) und »Jede Art von Bitterkeit, Wut, Zorn, Geschrei und Lästerung und alles Böse verbannt aus eurer Mitte« (Epheserbrief 4,31) scheinen zu implizieren, daß aller Ärger böse sei. Auf der einen Seite beneiden wir einen wütenden Jesus, die Peitsche in der Hand, der die Geldwechsler aus dem Tempel treibt und die Tische umwirft oder der seine Widersacher bezeichnet als »Gräber, die außen weiß angestrichen sind und schön aussehen; innen aber sind sie voll Knochen, Schmutz und Verwesung« (Matthäus 23,27). Falls Jesus Ärger und Zorn gekannt hat, dann kann Ärger nicht einfach mit

Sünde gleichgesetzt werden. Alle großen Propheten waren ärgerliche, ja zornige Männer und Frauen, die ihren Zorn kanalisiert haben in einer leidenschaftlichen Suche nach Gerechtigkeit.

Da wir bereits als Kinder unsere Ideen und Gefühle (auch in bezug auf Ärger, Wut und Zorn und andere unbewußte Gewohnheiten) und den Umgang damit entwickeln, haben wir warscheinlich einige Schwierigkeiten, die subtile Differenz zu verstehen zwischen dem nur Sich-über-jemand-ärgern oder diese Person als Ganzes zu hassen. Es fällt uns schwer zu erfassen, was Paulus meinte, als er sagte: »Laßt euch durch den Zorn nicht zur Sünde hinreißen! Die Sonne soll unter eurem Zorn nicht untergehen. Gebt dem Teufel keinen Raum!« (Epheserbrief 4,26-27). Zumindest identifiziert Paulus in dieser Passage Zorn nicht mit Sünde. Er rät uns dagegen, unserem Ärger ins Auge zu sehen und ihn loszulassen, es sei denn, die Angelegenheit führte zu sündigem Haß und zur Feindlichkeit. Hierin liegt eines der großen Geheimnisse bezüglich Ärger: mit der Art von Ärger, die als kraftvoller Zorn erfahren wird, kann man leicht umgehen. Kraftloser Ärger aber kann leicht in wirklichen Haß umschlagen.

Einem tragischen Beispiel begegnet man bei jenen Personen mit AIDS, die von sexuellen Kontakten nicht absehen wollen, obwohl sie wissen, daß dies das Leben ihrer Sexualpartner gefährden könnte. »Jemand hat es mir gegeben«, deklarierte einer ärgerlich, »also gebe ich es jemand anderem weiter!«

Die moderne Psychologie lehrt uns, bewußt alle unsere Gefühle als natürlich und unausweichlich zu akzeptieren, auch wenn diese negativ sind. Wir müssen lernen, für all unsere Gefühle dankbar zu sein, sie ausdrücklich in einer positiven und konstruktiven Weise zu akzeptieren und mit ihnen umzugehen und sie nicht ins Unbewußte zurückzudrängen, wo sie sehr schnell Formen von psychischer oder physischer Krankheit annehmen. Nicht zum Ausdruck gebrachter Ärger produziert Streß im System, der, wenn er anhält, zu hohem Blutdruck führt, zu Herzinfarkten, Magengeschwüren, Kolitis, Schlaganfällen und sogar zu Immunsuppression. Die Ärzte meinen, daß, wenn wir erfolgreich mit unseren Frustrationen umgehen lernen, wir unser Leben wesentlich verlängern können. »Wähle das Leben!«

Ärger ist ein Gefühl, das wir alle in gewissem Ausmaß jeden Tag erfahren. Er ist eine natürliche und unausweichliche Reaktion auf Frustration oder Entbehrung. Genau wie Schmerz auf eine physische Verwundung folgt, so taucht Ärger auf, wenn wir das Gefühl haben, daß wir ungerecht behandelt wurden. Ärger kann als *psychischer Schmerz* bezeichnet werden. Experten haben gezeigt, daß es in neurotischen Familienstrukturen niemandem gestattet ist, Ärger zu fühlen oder diesen gar auszudrücken; wogegen Ärger in gesunden Familien in positiver Weise angenommen wird. Kinder werden dazu ermutigt, Ärger und Zorn zu fühlen und auszudrücken, und wenn sie dies ausdrücken, wird ihnen zugehört. Es ist völlig richtig, anzunehmen, daß, wenn jemand ärgerlich ist, er auch verletzt ist. Folglich tut man gut daran, zuzuhören und zu reagieren. In der Folge fühlen sich Kinder solcher Familien frei, ihren Ärger zuzulassen und auszudrücken. Sie fühlen sich stark in ihrem Ärger. Nachdem sie ihren Ärger ausgedrückt und befriedigende Ergebnisse erreicht haben, können sie die Angelegenheit ablegen.

Von Bedeutung ist diese psychologische Einsicht für unser emotionales und spirituelles Leben: Es gibt keine echte Intimität, ohne die Fähigkeit, ernsthaft und offen mit Ärger und Enttäuschung umgehen zu können. Sobald einer anfängt, jemand anderem nahe zu sein und wenn sich gegenseitige Intimität entwickelt, wird er/sie notwendigerweise häufig ausgeprägten Ärger fühlen. Tatsächlich glaube ich manchmal, daß wir nur wirklich in einer leidenschaftlichen Weise über die ärgerlich werden, die wir lieben. Es macht uns verwundbar, wenn wir unseren Ärger, unsere Wut gegenüber jemandem, den wir lieben, spüren und dies dann auch noch ausdrücken. Das erfordert eine Menge Mut und ist ein profunder Akt von Vertrauen und Liebe. Wir können diesen Frust nicht unterdrücken oder verleugnen, ohne *andere* Gefühle, inklusive Zärtlichkeit und Liebe, zu unterdrücken. Würden wir das tun, müßten wir lernen, nur in unseren Köpfen zu leben und alle Probleme mit einem kalten Intellekt, anstatt mit einem warmen Herzen, zu lösen. Gefühle sind wie ein Teller Spaghetti: Man erwischt nie nur eine einzige Nudel, sie kommen immer alle zusammen …

Für gewöhnlich ist das erste Anzeichen von unterdrücktem Ärger in der Partnerschaft ein Nachlassen des Sexlebens. Dabei ist doch nichtunterdrückter Ärger das beste Aphrodisiakum, das man finden kann. Die Erfahrung vieler Partnerschaften ist, daß nach einem guten Streit, in dem beide ihren aufgestauten Ärger mitteilen konnten, die nachfolgende sexuelle Vereinigung besser denn je ist. Leider gibt es auch viele Beispiele von Partnerschaften, die nach Jahren des Zusammenlebens kein gemeinsames Sexleben mehr haben, weil zu viel unterdrückter Ärger zwischen ihnen steht.

Wenn Ärger unter Partnern nicht in einer bewußten und gesunden Weise angegangen wird, kann dieser in pathologischer und zerstörerischer Weise wirken. Passives aggressives Verhalten (immer zu spät kommen, sarkastisch sein, ausfallend werden und den Partner fortwährend beleidigen) ist für gewöhnlich versteckter Ärger. Ärger kann auch abgeschoben werden auf »unschuldige Dabeistehende«, da er auf diese Weise weniger bedrohlich erscheint. Unsere Freunde, Mitarbeiter, die Passagiere in der morgendlichen U-Bahn oder im Bus können auf diese Weise zu ahnungslosen Opfern all des verlagerten Zorns werden, den man gegenüber dem Partner fühlt.

Wenn wir unseren Ärger nicht greifen können oder meinen, wir hätten nicht die Freiheit oder das Vertrauen, ihn zu teilen, so wird er schnell zu einer Mauer aus Stein werden und uns von den anderen trennen. Der Schmerz über die Gegenwart unseres Partners aufgrund unterdrückten Ärgers überwiegt jede möglicherweise erfahrbare Freude, und damit geht die Beziehung häufig auseinander. Wenn wir es jedoch riskieren, unseren Ärger zu teilen und wenn unser Partner in einer Weise zuhören und darauf reagieren kann, aufgrund derer wir uns dann offen genug fühlen, unseren Ärger loszulassen, dann können auch Bande des Vertrauens, der Liebe und Intimität fester und sicherer geknüpft werden, und die Freude an vertrauter Anteilnahme wächst. Wir müssen allerdings darauf setzen und das Risiko eingehen, verwundbar gegenüber unserem Partner zu sein durch ein offenes Teilen dieser ambivalenten Gefühle. Meine Erfahrung bei der Beratung von schwulen und lesbischen Paaren ist, daß, wenn die Betreffenden sich gegenseitig gestatten, ihren Ärger auszusprechen und wenn sie darauf in nicht defensiver Weise reagieren können, dann diese Beziehung eine echte Chance zu überleben hat.

In diesem Zusammenhang lautet meine zentrale These, daß unser

spirituelles Leben dem Bemühen um eine Intimität mit Gott gleichkommt, d.h. einem Sinn für die Vertrautheit der Gegenwart Gottes. So wie Ärger ein natürlicher und unausweichlicher Teil unseres Intimlebens mit einem Mitmenschen ist, so ist es auch ein natürlicher und unausweichlicher Teil unseres Lebens der Vertrautheit mit Gott. Wenn wir uns an Gott wenden und meinen, daß wir nicht gehört werden und es keine Antwort gibt, dann fühlen wir uns frustriert und sind ärgerlich. Normalerweise unterdrücken und verleugnen wir diesen Ärger. Wir halten Gott bei Laune, indem wir den Ärger hinunterschlucken. Wir fragen uns z.b.: »Welches Recht habe ich eigentlich, von Gott eine Reaktion auf mein Bitten zu erwarten?«
Schrittweise bauen wir eine Mauer in unserem Unbewußten auf, bis wir es unerträglich finden, in der Gegenwart Gottes zu sein; unerträglich, weil wir uns bedroht fühlen, wenn wir versuchen, mit unserem Ärger, unserem Zorn umzugehen. So lassen wir das Beten lieber ganz sein und gehen auch nicht mehr zur Kirche. Unser spirituelles Leben trocknet aus. Einer meiner Klienten war durch die Homophobie der südstaatlichen Baptistenkirche während seiner Kindheit so traumatisiert worden, daß er als einzig gangbaren Weg, in Frieden und ohne traumatisierenden Ärger mit Gott zu kommunizieren, die Konversion zum Judentum sah.
Ich glaube, hier gibt es eine besondere Gefahr für Lesben und Schwule, insbesondere in dieser von AIDS geprägten Zeit. In einem Bericht der Ersten Internationalen Lesben/Schwulen-Gesundheitskonferenz sagt Pat Norman, Koordinator der »Lesbian and Gay Health Services« der Stadt San Francisco: »Selbsthaß hat unsere fortwährenden Gefühle von Wertlosigkeit und Unzulänglichkeit unterstützt und diese Empfindungen haben dem Alkoholismus, Drogenmißbrauch und Suizid Vorschub geleistet.«[1] In einem Workshop derselben Konferenz sprach John E. Ryan über die Schamhaftigkeit des männlichen Homosexuellen, dessen Selbstverachtung und Wut: »Die wichtigste und notwendigste Änderung, die Psychotherapeuten bei ihrer Arbeit mit Homosexuellen erreichen können, ist, Linderung zu schaffen bezüglich des negativen Selbstvertrauens, Selbstgefühls und bezüglich der Gewohnheiten, die internalisiert wurden und als Teil der Persönlichkeit betrachtet werden.«[2]

Für viele Christen, und insbesondere für katholische Homosexuelle, ist ein großer Teil dieses verkrüppelnden Selbsthasses bedingt durch deren Bemühung, die Mutter Kirche bei Laune zu halten. Die Kirche hat eine lange Geschichte der Homophobie. John Boswell bestreitet in seinem brillanten Buch »Christianity, Social Tolerance, and Homosexuality«[3] die Meinung, daß die doktrinäre und pastorale Haltung der Kirche gegenüber der Homosexualität immer schon dieselbe homophobe Virulenz hatte wie in den jüngsten Jahrhunderten. Die Kirche hat homophobe Sinnbedeutungen in Passagen der Schrift hineingelesen, wo diese nicht gerechtfertigt sind; ihre Sexualethik basiert auf homophoben Prämissen; und die pastorale Praxis ist in gravierender Weise destruktiv bezüglich der geistigen Gesundheit und des Wohls von Tausenden von Menschen.

Jüngste Aktivitäten der Römisch-Katholischen Kirche haben die Wirksamkeit ihrer Homophobie verstärkt. Zum Beispiel wiederholen römische Verlautbarungen sowohl die homophobe Auslegung der Schrift als auch der menschlichen Natur und verstärken damit aufs neue die Homophobie der Tradition. Aber darüber hinaus offenbaren diese Texte eine schäbige und grausame Geisteshaltung, die nur schwer mit der christlichen Gemeinschaft assoziiert werden kann. Sie geben zu verstehen, daß homosexuelle Menschen, die für die Befreiung ihrer schwulen Brüder und lesbischen Schwestern gearbeitet haben, verantwortlich seien für die AIDS-Krise. Alle Bischöfe der Welt mögen jegliches Bemühen unterdrücken, das schwule Bürgerrechte zu erreichen versucht, – und zwar nach dem Motto: »Sünde hat keine Rechte.« Manchmal deuten diese Texte an, daß die Opfer von antischwuler Gewalt verdienen, was sie bekommen, wenn sie »undenkbare Rechte« einfordern. So plädiert ein Brief an die Bischöfe vom Jahre 1986 für eine Vertreibung aller schwulen Gruppen aus kirchlichem Eigentum, die eine gesunde Integration schwuler Identität mit religiösem Glauben anstreben.

Verständlicherweise gibt es eine legitime Wut innerhalb der homosexuellen Gemeinschaft gegen die menschliche und fehlbare Kirche. Ich möchte einige der gesunden und einige der pathologischen Arten des Umgangs mit dieser Wut ausführen. Eine pathologische Reaktion ist der Versuch, Mutter Kirche bei Laune zu halten. Verfährt man so, muß man konform gehen mit der homophoben Lehre der Kirche, sich selbst als »wahrhaft zerrüttet« betrachten und den eigenen Wunsch nach sexuellem Ausdruck als »Tendenz zum Bösen« erachten. Dann müssen alle sexuellen Empfindungen unterdrückt werden (und damit auch alle anderen Gefühle). Jede Person, die so verfährt, haßt notwendigerweise einen essentiellen Teil ihrer selbst, und dieser Selbsthaß geht häufig über in einen paranoiden Haß auf alle Homosexuellen. Es sind die sich selbst hassenden Schwulen innerhalb der kirchlichen Machtstrukturen, die häufig unsere schlimmsten Verfolger sind.

Die katholische Kirche würde es vorziehen, homosexuelle Menschen untereinander zu isolieren, wie sie es in der Vergangenheit getan hat. Ein Beleg für diese Praxis: Nun aber, da es offen religiöse Homosexuellengruppen gibt, hat die Kirche in Amerika erstmals die Gründung einer Gruppe mit Namen Courage zugelassen. Diese Gruppe soll Homosexuellen zu einer Übereinstimmung mit der kirchlichen Lehre verhelfen, indem diese ihre sexuellen Nöte verdrängen und ein Leben erzwungenen Zölibats leben. Diese Gruppe dient, meiner Meinung nach, nur solchen Individuen, deren sexuelle Orientierung so selbstgefährdend ist, daß sie, würden sie gemäß ihren Gefühlen agieren, durch emotionalen Zusammenbruch bedroht wären. Die wahre Grundlage dieser Gruppe jedoch ist pathologischer Selbsthaß. Dieser Art Selbsthaß zu entfliehen, ohne größere, persönliche Übel zu riskieren, ist, so glaube ich, für das Individuum moralisch verpflichtend.

Andere Kirchen wiederum akzeptieren schwule Mitglieder; deren Homophobie äußert sich jedoch in subtilerer Weise, wie z.B. in der Verweigerung der Ordination, falls der homosexuelle Kandidat nicht verspricht, zölibatär zu leben.

Für viele homosexuelle Menschen ist der Umgang mit der Kirche gleichbedeutend mit dem Umgang mit den Eltern. Selbst wenn wir ernsthafte Meinungsverschiedenheiten haben und sehen, was die Eltern uns wahrlich Zerstörerisches angetan haben, lieben wir sie noch immer und sind dankbar für das, was sie für uns getan und uns gegeben haben. Aber diese Liebe verwischt nicht die Tatsache, daß sie uns verletzt haben. Und solange wir verwundet bleiben, wird unausweichlich Ärger in uns sein. Der einzig gesunde Weg, diesen Ärger loszulassen, ist, die Wunden des Selbsthasses und der Selbstablehnung zu heilen und eine Einstellung positiver Selbstakzeptanz zu erreichen.

Viele schwule Christen haben die Wunden, die ihnen von der Kirche zugefügt worden waren, geheilt; sie haben gelernt, ihr Schwulsein mit gutem Gewissen zu akzeptieren und auszuleben. Diese Leute fühlen sich meist stark genug, in der Kirche zu bleiben und am sakramentalen Leben teilzunehmen und an allen Aktivitäten, die von der homophoben Einstellung relativ wenig vergiftet sind. Manche tun ihr Möglichstes, um in der Kirche ein Bewußtsein für die Frage der Homosexualität aufzubauen. Während des Jahres 1987 ging eine Anzahl mutiger schwuler Katholiken an jedem ersten Sonntag im Monat zur St. Patrick-Kirche, wo sie während der Predigt des Kardinals stehend mit einem schweigenden Protest gegen die Homophobie der Kirche demonstrierten. (Am 6. Dezember 1987 riefen kirchliche Repräsentanten die Polizei und ließen jene, die standen, einsperren und unter Anklage krimineller Handlungen stellen, die bis zu einem Jahr Gefängnis führen konnte).

Viele andere jedoch sind so sehr verwundet durch die allzumenschliche Kirche, daß sie für einige Zeit sich davon fern halten und sich andere akzeptierende Gemeinschaften suchen müssen, in denen sie ihre Wunden heilen und ihre Beziehungen feiern können.

Unglücklicherweise gibt es eine große Anzahl, die nicht trennen können zwischen ihrer Mitgliedschaft in der menschlichen Kirche, ihrem Glauben an Gott und ihrer spirituellen Beziehung zu Gott. Diese Leute sehen nur eine Wahl: entweder in der Kirche bleiben um den Preis, sich selbst zu hassen und ihre Homosexualität als Übel zu unterdrücken, oder sich selbst als Homosexuelle zu akzeptieren und damit ihren religiösen Glauben zu verleugnen oder zu verdrängen. Sie sind dann versucht, sich jeden religiösen Glaubens zu entledigen und ein verarmtes Leben zu leben. Meine Hoffnung beim Schreiben dieses Buches ist, eine dritte Alternative darlegen zu können; eine, die die Konfrontation der Kirche miteinschließt, während der eigene Glaube vertieft wird.

Hinter der Auseinandersetzung und der Wut über die Kirche steht für viele homosexuelle Menschen auch der Ärger Gott gegenüber. Da wir uns unsere sexuelle Orientierung nicht aussuchen können, erfahren wir sie als etwas Gegebenes, als objektive Tatsache, die Teil der Schöpfung Gottes ist. Insofern unsere Erfahrung unserer sexuellen Orientierung negativ ist, solange wir sie als sündig erachten, als krank oder böse, erfahren wir sowohl eine tiefe Krise in unserer Beziehung zu Gott als auch wirklichen Ärger über Gott. Nur ein sadistischer Gott würde Millionen von menschlichen Wesen schaffen, ohne ihnen eine Wahlmöglichkeit in dieser Angelegenheit und ohne eine Hoffnung auf Änderung zu geben. Nur ein solcher Gott würde ihnen darüber hinaus noch für den Rest ihres Lebens unter Androhung ewiger Verdammnis das Recht verweigern, ihrem Schwulsein in einer liebevollen Beziehung Ausdruck zu verleihen.

AIDS fügt eine neue Dimension diesem Ärger über Gott hinzu. Wenn wir den gotteslästerlichen Vorschlag akzeptieren, daß AIDS Gottes Strafe für Schwulsein sei, dann werden wir gerechterweise wütend sein über einen sadistischen Gott, der schwule Menschen schafft, sie dann mit einer tödlichen Krankheit bestraft für etwas, wofür sie geschaffen wurden.

Andererseits können wir nur durch das Heilen der eigenen Wunden dem vergeben, der uns verletzt hat. Homosexuelle Menschen riskieren zu glauben, daß Gott nicht homophob ist, obwohl es die menschliche Kirche durchaus ist. Wir lernen, unser Schwulsein als eine Gabe Gottes zu akzeptieren und sie in einer freudigen Art auszuleben, die den Geboten Gottes angemessen ist. In diesem Prozeß der Selbstannahme und in unserem neuen Bewußtsein von Gottes Liebe für uns, können wir unseren Ärger loslassen.

Im Kern allen spirituellen schwulen Lebens steht ein Trauerprozeß und ein Akzeptieren unseres Status als Verbannte in dieser Welt. Dieser Trauerprozeß ist doppelt schwierig für jeden, der AIDS hat. Jeder gesunde Trauerprozeß beinhaltet notwendigerweise eine Phase intensiven Ärgers, mit dem man umgehen lernen muß. Viele Schwule erachten es jedoch als beinahe unmöglich, ein veränderndes Gefühl ihrem Ärger Gott gegenüber zu entwickeln. Man traut sich nicht, wenn der Gott, dem man dient, ein Gott der Furcht ist. Aber: Wenn gute Eltern wissen, wie sie den Ärger ihrer Kinder akzeptieren und wie sie darauf reagieren können, dann sicherlich auch Gott, der unsere Menschlichkeit in Jesus geteilt hat und damit eine Erfahrung menschlichen Ärgers aus erster Hand hatte. Er weiß, wie dieser Ärger akzeptiert und wie darauf reagiert werden kann. Im Gleichnis vom Verlorenen Sohn (Lukas 15,11-32) hat uns Jesus ein Modell gegeben, wie Ärger und Zorn ausgedrückt und wie mit ihm umgegangen werden kann:

Der verlorene Sohn kehrt heim, nachdem er sein Erbe in genießerischer Freude durchgebracht hatte. Der ältere Sohn, der zu Hause geblieben war und treu auf dem elterlichen Hof arbeitete, kommt von einem Tag auf den Feldern zurück und findet die Feier in vollem Gange. Er ruft einen Diener, um herauszufinden, was da vor sich geht und ist wütend darüber. Er sagt zu seinem Vater: »Mir aber hast du nie auch nur einen Ziegenbock geschenkt, damit ich mit meinen Freunden ein Fest feiern konnte« (Lukas 15,29). Er weigert sich, hineinzugehen und mitzufeiern. (Die übertragbare Handlung in unserem Leben wäre z.B. unsere Weigerung, in der Kirche zu sein, da wir ärgerlich sind und von Gott erwarten, daß er herauskommt und uns abholt auf der Grundlage unserer Bedingungen). Der Vater jedenfalls respektiert den Ärger seines ältesten Sohnes, geht hinaus und spricht mit ihm. Er erkennt, daß sein Sohn eine Erklärung verdient. Er versichert ihm, daß gerecht mit ihm umgegangen werde und teilt ihm mit: »Alles, was mein ist, ist auch dein.« Obwohl es im Gleichnis nicht ausdrücklich gesagt wird, können wir annehmen, daß der ältere Sohn nun in der Lage war, seinen Ärger lozulassen und mitzufeiern; er sah seinen Ärger respektiert und konnte das Gefühl haben, daß dieser einen gewissen Effekt hatte.

Wenn wir das Gefühl haben, daß unser spirituelles Leben austrocknet, wenn wir es nicht mehr fertigbringen, in der Kirche zu sein, dann wird es Zeit, uns selbst zu fragen, ob wir nicht ärgerlich sind mit Gott? Wir müssen lernen, diesen Ärger zu fühlen und nicht zu verdrängen. Wir müssen lernen, Gott genügend Vertrauen zu schenken, um diesen Ärger mit ihm zu teilen, denn geteilter Ärger ist ein Akt der Liebe. Wir können Gott darum bitten, uns wissen zu lassen, ob unser Ärger gehört wurde. Wenn wir dies versuchen, werden wir erstaunt sein über die Wärme, Nähe und Intimität, die wir mit Gott erfahren.

Abgesehen von der Entdeckung meines eigenen Schwulseins bedeutete der Tod meiner Mutter für mich die traumatischste Erfahrung in meinem Leben. Sie starb, als ich drei Jahre alt war. Die einzige bewußte Erinnerung an sie ist das Bild, wie sie mich an einem sonnigen Sommermorgen in ein Kinderbett in meines Vaters Schlafzimmer legte, und ich ihre ängstliche Stimme sagen hörte: »Was wird aus meinen Babies werden?«, und damit geleiteten die Ärzte sie die Treppen hinunter zu ihrem endgültigen Gang ins Krankenhaus. Dies waren die letzten Worte, die ich von meiner Mutter gehört habe. Welchen Ärger ich auch immer Gott gegenüber fühlte, als Kind habe ich diesen Ärger jedenfalls verdrängt. Ja, ich bin mit dem vagen Gefühl aufgewachsen, daß ich, da ich ja ein böses Kind war, irgendwie für den Tod meiner Mutter verantwortlich sei. Ich brauche nicht zu erwähnen, daß ich aufwuchs mit dem Bild eines zu fürchtenden Gottes. Erst nachdem ich längst erwachsen war, war ich fähig, mit der Hilfe eines guten Therapeuten, den Ärger und die Wut Gott gegenüber zu fühlen. Als mir dies gelang, verfiel ich im Gebet der Tendenz, zu dieser alten Wunde und dem dazugehörigen Ärger zurückzukehren. An einem der letzten Weihnachtsfeste fühlte ich mich wieder als »mutterloses Kind«, ging in die Saint Baptist Church der East Side von New York und kniete nieder zum Gebet vor einer wunderbaren Marienstatue und dem Kind Jesus. Während ich betete, fühlte ich Ärger in mir aufsteigen und beinahe in Wuttränen hörte ich mich selbst beten: »Das ist ja eine tolle Situation. Jesus, du willst wie alle anderen sein in allen Dingen, außer der Sünde. Das ist nicht wahr. Vor allen Dingen hast du dir eine sündlose Mutter gewählt, die einer perfekten Liebe fähig ist. Kein anderes menschliches Wesen hatte dieses Vorrecht. Dann hast du mir meine leibliche Mutter genommen, als ich noch ein Baby war. Dann erwähltest du dir als perfekten Vater einen Heiligen, Joseph, der dir die Fertigkeiten des Zimmerhandwerks beibrachte. Mein Vater dagegen war ein distanzierter, schweigsamer Mann, mit dem jemals ein Gespräch über Gefühle geführt zu haben, ich mich nicht erinnern kann. Und zum guten Schluß rief Gott der Vater bei deiner Taufe vom Himmel: ›Dies ist mein geliebter Sohn, an dem ich Wohlgefallen habe.‹ Ich dagegen lebte fast mein ganzes Leben mit dem Gefühl, daß ich Gott aufgrund meines Schwulseins zutiefst enttäuschte. Ich erinnere mich, mein Gebet mit den Worten beendet zu haben: ›Mit all diesen Privilegien kann jeder aushalten, sich so einer kleinen Kreuzigung zu unterziehen!‹«

Als ich so kniete, füllten sich meine Augen mit Tränen. Leise hörte ich eine andere Stimme in mir sagen: Warum bist du so voller Selbstmitleid? Und warum so voller Undankbarkeit? Vor zweiundzwanzig Jahren sandte ich dir einen Freund in dein Leben, der dir mehr Mütterlichkeit gegeben hat als irgendein Mensch ein Recht darauf hat. Jeden Abend ißt er mit dir, wenn du deinen letzten Klienten verabschiedet hast. Tag und Nacht sorgt er sich um dich, er betet für dich, unterstützt dich und vermißt dich, wenn du nicht da bist. Er hält dich fest und tröstet dich, wenn du dich fürchtest oder krank bist. Er trägt deinen Ärger mit, wenn du etwas Gedankenloses oder Verletzendes getan hast. Ich habe dir mehr gegeben, als du als Kind verloren hast.

Während mir diese Gedanken durch den Kopf gingen, war ich bestürzt über meine Undankbarkeit. Ich merkte, daß ich zweiundzwanzig Jahre lang an altem Groll festgehalten und große Geschenke nicht erkannt hatte. Durch die Gnade Gottes war ich in der Lage, einen weiteren Schritt zu tun und meinen Gott der Furcht loszulassen und eine tiefere Intimität als je zuvor meinem Gott der Liebe gegenüber zu spüren. Ich war in der Lage, jenem Gott zu vergeben.

Gott, Du hast versprochen, für immer bei denen zu bleiben, die Gerechtigkeit üben. Hilf uns lesbischen Frauen und schwulen Männern, in Deiner Gegenwart zu leben. Hilf uns, in einer gesunden Art und Weise mit ambivalenten Gefühlen, wie Ärger, Wut und Zorn umzugehen, die uns von Deiner Gegenwart zu trennen scheinen. Wenn wir verärgert und enttäuscht sind über Dich, geschieht es um der suchenden Liebe willen.
Amen.

KAPITEL 6

Befreiung von Angst

Fürchtet euch nicht.
Lukas 2,10

Die heutige Gesellschaft ist durchdrungen von Angst. Obwohl sie so allgegenwärtig ist, ist sie doch so verdrängt, daß wir sie meistenteils nicht wahrnehmen. Es gibt gewöhnliche Lebensängste, die alle Menschen teilen: Angst vor Verlassenwerden und Einsamkeit; Angst vor Krankheit, Schmerz und Tod; Angst vor Armut und Unsicherheit; und Angst vor menschlicher und göttlicher Ablehnung. Henri Nouwen beschreibt dies so:»Wir sind ängstliche Menschen ... Oft scheint es, als hielte die Angst alle Bereiche unseres Seins besetzt, und zwar in einem Maße, daß wir nicht mehr zu wissen scheinen, wie sich ein Leben ohne Angst anfühlt.«[1]

Es gibt keinen Augenblick, der gänzlich frei von Angst wäre. Im Gegenteil, Angst ist so tief in unsere Psyche eingedrungen, daß sie die meisten unserer Entscheidungen und Handlungen kontrolliert. Einen großen Teil der Angst, mit der wir leben, haben wir ins Unbewußte verdrängt. Dies ist oftmals der verborgene Grund für unseren Ärger und unsere Wut. Angst kann uns in Depression und Verzweiflung treiben.

Dunkelheit ist das klassische biblische Symbol für ein von Angst durchdrungenes Leben. Angst umgibt uns wie Dunkelheit und läßt uns fühlen, wie gefährlich nahe wir dem Tod und der Zerstörung sind. Angst vor einem nuklearen Holocaust hat so sehr das Leben vieler unserer jungen Leute durchdrungen, daß sie jede Hoffnung für die Zukunft verlieren. Viele fragen, ob es denn gerecht sei, Kinder in die Welt zu setzen, eine Welt, die durch Nuklearkriege gefährdet ist. Angst kann so unerträglich werden, daß selbst Suizid zu einem annehmbaren Ausweg wird. Nouwen bemerkt dazu:»Tatsächlich sind die meisten Menschen des Zwanzigsten Jahrhunderts für einen Großteil ihrer Lebenszeit im Hause der Angst gefangen.«[2]

61

In einem wunderbaren Artikel über die Bedeutung von Weihnachten mit dem Titel: »Sei nicht ängstlich«[3] erzählt Jim Forrest eine alte rabbinische Geschichte über die Bedeutung der Nacht. Der Rabbi fragte einen seiner Schüler: »Wann kann man wissen, daß die Nacht vorbei ist und der Tag beginnt?« Der Schüler antwortete: »Ist es der Moment, wenn du unterscheiden kannst zwischen einem Schaf und einem Hund?« »Nein«, sagte der Rabbi, »das ist es nicht.« »Ist es«, fragte ein anderer, »wenn man einen Feigenbaum von einem Olivenbaum unterscheiden kann?« »Auch das nicht«, sagte der Rabbi. »Eher der Augenblick, wenn du ein Gesicht betrachtest, das du nie zuvor gesehen hast, den Fremden aber als Bruder oder Schwester erkennst. Bis zu diesem Augenblick, ungeachtet der Helligkeit des Tages, ist es noch immer Nacht.« Die meisten von uns, fährt Forrest fort, leben einen großen Teil ihres Lebens in dieser Nacht.

Wir sind trainiert, diese Nacht zu akzeptieren: durch die Familien, die Schulen, die Kultur und oft auch durch die Kirche. Wir werden vorsichtig getrimmt, nicht Brüder oder Schwestern zu erkennen, sondern eher Freund oder Feind als unser Gegenüber zu sehen. Man trainiert uns, Etiketten wahrzunehmen, um andere besser entmenschlichen und beherrschen zu können: chauvinistische Etiketten (wie Japsen oder Assis), rassistische Etiketten (wie Neger oder Zigeuner), sexistische Etiketten (wie Tunte oder Tucke). Unsere eigene Angst, unser Ärger und Mißtrauen werden zu paranoidem Haß gegenüber allem und jedem Andersartigen.

Warum sind wir so ängstlich? Nouwen zufolge ist die Antwort in der Beziehung von Angst und Macht zu finden: »Ich begann, die einfache Tatsache zu begreifen: Jene, die ich fürchte, haben Macht über mich. Jene, die mir Angst machen, können mich auch dahin bringen, zu tun, was sie wollen.«[4] Um von der Kontrolle der Angst befreit zu werden, müssen wir uns zuallererst völlig der engen Verbindung zwischen unserer Angst und der Macht, die andere über uns haben, bewußt werden.

Die meisten Machthaber versuchen, uns durch Mittel der Angst zu kontrollieren. Alice Miller z.B.[5] sieht die gesamte Geschichte der Pädagogik auf der Idee gegründet, daß der Weg, wie man gehorsame Kinder produziert, derjenige sei, sie zu terrorisieren. Die nicht zugestandene Prämisse dieses Systems ist, es sei besser, ein gehorsames Kind zu haben als von diesem Kind geliebt zu werden. Viele Schulen versuchen, ihre Schüler durch Angst vor Bestrafung oder Versagen zu erziehen. Viele Arbeitgeber gebrauchen die Angst vor Kündigung oder dem Verlust einer Gehaltserhöhung oder Beförderung, um ihre Angestellten ruhig zu stellen. Viele Kirchen gebrauchen die Idee eines Gottes der Furcht, um ihre Mitglieder zu kontrollieren. Die schnellste Art, nicht nur in Amerika zu Wohlstand zu gelangen, ist, in der Öffentlichkeit Ängste zu erwecken und dann zu behaupten, eine Lösung zur Linderung dieser Angst zu haben.

Es gibt zahllose Formen von Angst, die vorsätzlich kultiviert werden, um uns zu kontrollieren und zu manipulieren: Ängste, die auf Rassismus und Sexismus basieren, Ängste vor Atomkriegen. Jene, die diese Ängste in uns erzeugen, kontrollieren uns, indem sie uns glauben lassen, daß unsere Ängste wahr werden könnten, falls wir ihr Spiel nicht mitspielen. Wenn wir uns dieser Kontrolle fügen, verbünden wir uns mit Kräften und Repräsentanten der Angst und werden zu »entschlossenen Wächtern der Nacht«.

Schwule und Lesben müssen ein bewußtes Wahrnehmen entwickeln hinsichtlich der zerstörerischen Rolle, die die Angst in ihrer Gemeinschaft spielt. Unser größter Feind ist nicht irgendein Gegner von außen, sondern die Angst in uns. Zuerst gibt es da die Ängste, die wir mit der ganzen Menschheit teilen. Es gibt jedoch spezifische Ängste: Aufgrund unserer Homosexualität können wir Ängste erfahren, die unser Coming Out verhindern und zu Selbstverleugnung, Selbstablehnung und Selbsthaß führen und schließlich auch zur Flucht vor der Gegenwart Gottes. Oft geben wir unserer eigenen Form homophober Ängste nach, die alle Liebe zu unseren lesbischen Schwestern und schwulen Brüdern vernichtet.

Aber so furchterregend all diese Ängste auch sind, es herrscht heutzutage eine um sich greifende Angst, insbesondere unter Schwulen, die alle anderen Ängste in ihrer Destruktivität übertrifft: eine Krankheit des Geistes, gegründet auf die Angst vor AIDS. Manche in der schwulen Bewegung sprechen von FRAIDS. Nach Jahrhunderten der Unterdrückung und der Entfremdung haben Lesben und Schwule in den letzten zwanzig Jahren einen gewissen Grad an

Selbstakzeptanz und politischer Freiheit erreicht. Die AIDS-Krise droht, all das Erreichte zunichte zu machen. Es entsteht eine Atmosphäre von Hysterie und Angst, die die Schwulen wieder zurückdrängen könnte in ihr Versteck.

Die Angst, die AIDS unter Schwulen hervorgerufen hat, ist so tiefgründig, daß es schwer ist, sich all ihrer Dimensionen völlig bewußt zu sein. Chris Glaser verglich in seinem Artikel »AIDS and the A-Bomb Disease: Facing a Special Death«[6] die Erfahrung von Hiroshima-Überlebenden aus der Analyse von Robert Jay Lifton[7] mit Erfahrungswerten schwuler AIDS-Patienten. Sowohl Hiroshima-Überlebende als auch Schwule mit AIDS erleben eine permanente Konfrontation mit dem Tod. Das Durchschnittsalter bei AIDS-Toten beträgt sechsunddreißig Jahre. Schwule sahen nicht nur Todesfälle bei Freunden, Bekannten und Fremden in ständig steigender Zahl, sie fühlen häufig, daß ihre ganze Welt stirbt. Die Homosexuellenbewegung, gebaut auf Blut, Schweiß und Tränen, scheint manchmal von Auslöschung bedroht.

Einer meiner Klienten schrieb eine Kurzgeschichte über drei ältere Leute, die an der letzten Demonstration über die Fifth Avenue am Gay Pride Day im Jahre 2000 teilnehmen. Sie sind die einzigen Überlebenden der Schwulenbewegung der Siebziger und erinnern sich der Hunderte und Tausende, die zwanzig Jahre zuvor demonstriert hatten, nun aber alle an den Folgen von AIDS gestorben sind oder vor lauter Angst zurück in ihr Versteck getrieben wurden.

Eine weitere Ähnlichkeit zwischen den Hiroshima-Überlebenden und Homosexuellen ist die Bedrohung durch unsichtbare »Kontamination«. Aufgrund der intensiven Strahlung, der sie ausgesetzt waren, können viele der Atombomben-Überlebenden jeden Augenblick todkrank werden. Da die Inkubationsphase für AIDS zehn Jahre oder länger dauern kann, müssen wir als der Homosexuellenbewegung zugehörig ebenfalls mit einer ähnlichen Angst vor unsichtbarer »Kontamination« rechnen, die uns jederzeit überraschen kann.

Eine dritte Parallele ist die Tatsache, daß für die Hiroshima-Überlebenden jegliche Krankheitsanzeichen (eine Erkältung, Müdigkeit, Grippe oder Fieber) sofort in Verbindung mit der Atombombe und den damit zusammenhängenden Bildern vom Tod gebracht wurden.

Auch wir in der Homosexuellenbewegung wenden, wenn wir schnell müde werden oder irgendein Leiden haben, unsere Gedanken und Ängste sofort auf AIDS und geraten in Todesangst. Der daraus folgende Streß macht uns aber nur noch empfänglicher für eine Erkrankung.

Wir werden auch Streß erleben aufgrund der Ängste derer, die uns lieben. Eltern ängstigen sich um ihre Söhne. Die Gefahr einer Krankheit scheint allgegenwärtig. Schlechte Nachrichten können jeden Moment hereinbrechen. Der Vater einer meiner Klienten erzählte mir, daß der in New York City lebende schwule Sohn größere Ängste in ihm hervorrief als sein älterer Sohn, als dieser in Vietnam Soldat war.

Zwei andere mit der Angst vor AIDS verbundenen Ängste sollten ebenfalls erwähnt werden. Die erste ist die Angst vor all den Schwierigkeiten einer langwierigen und schwächenden Krankheit: Verlust des Einkommens, häufige schmerzvolle Krankenhausaufenthalte und die Entbehrung emotionaler Ernährung, weil ängstliche Freunde zögern, uns zu besuchen, zu berühren oder uns zu umarmen. Die zweite ist eine zunehmende Angst vor Intimität, da die sexuelle Intimität die Hauptansteckungsquelle für HIV ist. Durch die Verbindung von Tod mit Intimität werden schwule Männer weiter gehemmt, wo sie doch bereits in der Weise sozialisiert sind, Intimität zu vermeiden.

In Kapitel 17, 18 und 19 möchte ich mich besonders mit der Todesangst beschäftigen. An diesem Punkt möchte ich herausstreichen, was Jesus über Angst zu sagen hatte und welche spirituellen Quellen wir in den Kampf einbringen können, um uns selbst aus der Kontrolle der Angst zu befreien.

Spirituelles Leben und die Befreiung von Angst

»Fürchtet euch nicht.« Befreiung von Angst ist das Schlüsselelement unserer Erlösung. Ebenso ist es eine zentrale Botschaft des Neuen Testaments. Gott sandte Jesus, um uns von der Herrschaft der Angst, aus der Herrschaft und der Macht des Bösen zu befreien. Wir sind versucht, Weihnachten zu sentimentalisieren. Wir vergessen, daß Jesus in eine militarisierte Gesellschaft unter römischer Besatzung hineingeboren wurde, in der jeder, der für seine Rechte eintrat, sehr schnell seinen Weg zu den Torturen und zum Tod an einem Kreuz fand. Am Tag nach Weihnachten gedenken wir Stephanus, des ersten christlichen Märtyrers. Er war gesteinigt worden. Zwei Tage nach Weihnachten gedenken wir all der Kinder, die zu Tode geschlagen wurden aufgrund der paranoiden Angst des Herodes, seine Macht könnte gefährdet sein durch das Kind Jesus.

Herodes lebt und läßt es sich gut gehen in unserer Welt. Er lebt in jenen, die verantwortlich sind für die institutionalisierte Gewalt. Herodes befahl und seine Soldaten führten seine Befehle aus. Nouwen erzählt die Geschichte eines guatemaltekischen Indianers, der gewaltsam seiner Familie entrissen und der Armee zugeführt wurde. Er wurde gezwungen, Indianer aus seinen eigenen Reihen zu peinigen und zu töten unter Androhung desselben Schicksals, falls er sich weigere. Als er letztendlich die Erlaubnis erhielt, seine Familie wiederzusehen, verweigerte ihm der Vater, das Haus zu betreten. Es wurde ihm gesagt, daß er seine Mutter begrüßen könne, dann aber weitergehen solle, da »du den Tod in dir trägst«.[8]

Obwohl es unzählige Arten von zerstörerischen Ängsten gibt, sollten wir uns bewußtmachen, daß nicht alle Ängste ungesund sind. Eine gesunde Art ist die in der Bibel häufig angeratene »Furcht Gottes«, die sich stützt auf die tiefe Ehrfurcht, die wir der Macht und Majestät Gottes gegenüber fühlen, als Herrscher des Universums. Der Dichter Rainer Maria Rilke schrieb über diese Ehrfurcht: »Doch das Schöne ist nur des Schrecklichen Anfang.« Dieselbe Art von Ehrfurcht wird mit Gottes Worten an Moses auf dem Berg Sinai angesprochen, als Gott sagte: »Mein Angesicht kannst du nicht sehen; denn kein Mensch wird leben, der mich sieht« (Exodus 33,20).

Es gibt eine andere Form gesunder Angst: die Angst vor Verletzung der Person, die wir lieben. Diese Angst kommt aus unserer Erfahrung, geliebt zu sein. Kinder entwickeln eine gesunde Angst davor, die Eltern nicht zu verletzen, die sie lieben. Ebenso fürchtet ein Erwachsener, der eine Intimität mit Gott aufgebaut hat, irgend etwas zu tun, was diese Intimität zunichte machen könnte.

Die Angst, von der wir uns befreien sollten, ist diese Art von paranoider Furcht, die unser Gewissen verarmen läßt und unsere Reaktionen auf die Menschen um uns behindert, die uns betäubt für deren Nöte aufgrund der Ängste über unsere eigenen Nöte; uns blind macht, daß wir sie nicht als Brüder und Schwestern erkennen. Immer wieder erleben wir Beispiele dieser paranoiden Angst, die zu grausamem und zerstörerischem Umgang mit AIDS-Betroffenen führte: Es wurden Kinder mit AIDS von ihren Schulen vertrieben, und Nachbarn verweigerten die Erlaubnis des Wohnrechts für AIDS-kranke Obdachlose. Ängste dieser Art töten die Seele ab und verringern unsere Fähigkeit zur Ehrfurcht und zum Staunen und führen uns zurück aufs Abstellgleis.

Die wahre Auseinandersetzung mit Gott besteht jedoch nicht nur im Erleben von Ängsten. Denn Angst, ähnlich wie Wut, ist eine unausweichliche und natürliche menschliche Antwort auf drohende Gefahr, auch wenn die Evangelien von der Botschaft der Befreiung von Ängsten durchdrungen sind. Jesus teilte unsere Angst vor Leiden und Tod in seiner Agonie im Garten: »Er betete in seiner Angst noch inständiger, und sein Schweiß war wie Blut, das auf die Erde tropfte« (Lukas 22,44). Obwohl Jesus unsere Angst erlebt hat, gestattete er ihr nicht, davon beherrscht zu werden: »Vater, wenn du es willst, nimm diesen Kelch von mir. Aber nicht mein, sondern dein Wille geschehe!« (Lukas 22,42) Nach Jim Forrest sollten wir realisieren, daß Gewalt zuerst durch Angst das spirituelle Leben ihrer Opfer zerstört, lange bevor sie den Körper angreift. Wie im Falle der Wut, dürfen wir unsere Angst nicht unterdrücken oder verleugnen; wir müssen versuchen, unsere Ängste bewußt vor Gott zu bringen. Wir müssen versuchen, sie auf neue Weise kennenzulernen, einen Weg zu finden, uns selbst vor deren Zugriff auf unser Leben zu befreien.

Ich habe zwei Gebete gefunden, die mir helfen, mich selbst vor dem Zugriff destruktiver Angst zu befreien. Das erste ist ein Adventsgebet: »Nimm weg die Blindheit, die dich nicht erkennt. Heb' auf die Angst, die mich daran hindert, dich zu sehen.« Angst kann uns blind machen für die wahre Natur Gottes und uns davon abhalten, im Gebet in seine Gegenwart zu kommen. Dieses Adventsgebet erkennt, daß es eine besondere, von Gott gegebene Gnade ist, wenn wir von unseren Ängsten befreit werden. Jesus hat sehr deutlich gemacht, daß wir diese Gnade nur bekommen, wenn wir darum bitten, d.h. daß wir uns in Vertrauen öffnen.

Das zweite Gebet, das mir hilft, ist die Aussage, die Paulus im Römerbrief macht:»Denn ihr habt nicht einen Geist empfangen, der euch zu Sklaven macht, so daß ihr euch immer noch fürchten müßtet, sondern ihr habt den Geist empfangen, der euch zu Söhnen macht, den Geist, in dem wir rufen: Abba, Vater!« (Römerbrief 8,15). *Abba* ist ein Wort wie Vati oder Mutti. Dies zeigt, wie weit entfernt unser Gott der Liebe von einem Gott der Furcht ist.

Was können wir als Schwule und Lesben tun, um uns selbst vom Zugriff der Angst auf unser Leben zu befreien? Zuerst können wir vertraute und liebende Beziehungen schaffen, Beziehungen zu Freunden, die Momente von Sorge und Leid, Wut und Frustration mit uns teilen können sowie Momente von Freude und Spiel.

Homosexuelle dürfen sich nicht aufs Abstellgleis stellen und sich isolieren lassen. Wir brauchen einander, um uns Kraft zu geben. Ebenso haben wir eine tiefe persönliche Gewißheit nötig über Gottes Liebe zu uns, aber diese Gewißheit kann nur durch täglichen und persönlichen Umgang mit Gott in Meditation, im Gebet geschehen. Jesus ruft uns heim zu einem angstfreien Ort:»Bleibt in mir, dann bleibe ich in euch« (Johannes 15,4). Diese Zusicherung kann uns befreien von der Übermacht der Angst und uns in ein Haus aus Liebe führen. Denn das Zuhause ist der Ort, an dem wahre Intimität stattfinden kann, an dem wir jene Liebe erfahren können, von der Johannes behauptet, daß sie alle Furcht austreibt. Es ist die göttliche Liebe, an der wir alle teilhaben.

Nouwen meint, die Tragik sei, daß wir so von Angst ergriffen sind und deshalb unser eigenes Inneres nicht als einen vertrauten Ort erkennen, zu dem wir heimkehren könnten:»Wir versuchen, diesen vertrauten Ort zu finden in Wissen, Kompetenz, Ruhmsucht, Erfolg, Freunden, Gefühl, Lust, Träumen oder artifiziell herbeigeführten Bewußtseinszuständen. Auf diese Weise werden wir uns dann selbst fremd, wie Menschen, die zwar eine Adresse haben, aber nie zu Hause sind und von daher auch nie von der wahren Stimme der

Liebe angesprochen werden können.«[9] Genau wie Kinder ihre Alpträume loslassen können, wenn sie in den liebenden Armen ihrer Eltern gehalten werden, so können auch wir all unsere Ängste loslassen, wenn wir uns in den Armen eines Gottes sehen, der uns liebt. Meditation und tägliches Gebet werden uns helfen, unser Zuhause zu finden, wo Jesus wartet: in unseren eigenen Herzen.

Gott, unsere Mutter und unser Vater: Freiheit ist eine der kostbarsten Gaben, die Du uns gibst. Hilf uns schwulen Männern und lesbischen Frauen, all die Ängste zu überwinden, die uns daran hindern, uns selbst zu akzeptieren, unser Versteck zu verlassen und in dieser Zeit der Krisen mutig für einander da zu sein. Lehre uns, unser Leben auch furchtlos zu genießen und hinauszugehen, um dieses Fest mit all unseren Brüdern und Schwestern zu teilen.
Amen.

KAPITEL 7

Befreiung von belastenden Schuldgefühlen

Gott aber hat seine Liebe zu uns darin erwiesen, daß Christus für uns gestorben ist, als wir noch Sünder waren.

Römerbrief 5,8

Während der zwanzig Jahre als seelsorgerlicher Berater und Psychotherapeut für Lesben und Schwule habe ich gemerkt, daß die Hauptbedrohung der psychischen und spirituellen Gesundheit der allermeisten Homosexuellen, insbesondere derjenigen mit einem ausgeprägten christlichen Hintergrund, das Phänomen der Schuldgefühle mit seinen Verbündeten Scham und niedrigem Selbstwertgefühl ist; dies wiederum kann in Selbsthaß umschlagen.

Die Gefahr zerstörerischer Schuld und Scham hat immer schon jeden Schritt in der schwulen und lesbischen Entwicklung begleitet. Durch die AIDS-Krise regredierten viele Schwule zu den alten Mustern von Schuld und Scham, die die Homosexuellenbewegung versuchte aufzuheben. Mit jeder neuen homophoben Aussage z.B. von TV-Evangelisten, der Hierarchie der Römisch-Katholischen Kirche und anderer kirchlicher Sprecher, erfahren viele schwule Christen und lesbische Christinnen eine scharfe Zurücksetzung ihrer Bemühungen, Selbstakzeptanz und spirituelle Gesundheit zu erreichen.

Mit der AIDS-Krise treten für Schwule neue Arten von Schuld- und Schamgefühlen auf: So die Schuld und Scham über die Tatsache, Überlebender zu sein. Schuld von Überlebenden gründet sich auf die unbewußte Angst, das eigene Überleben könnte ermöglicht worden sein durch die Krankheit oder den Tod des anderen. Folglich erscheint alle Freude im Leben verdächtig, als sei das eigene Glück erkauft worden mit dem Leiden eines anderen.

Mit einer unbewußten Belastung von Schuld, Scham und Selbsthaß zu leben, bedeutet ein Leben unter fortwährendem Streß. Dieser andauernde Streß kann uns Jahre unseres Lebens kosten. Nicht abgebauter Streß kann Bluthochdruck, Magengeschwüre, Schlaganfälle, Herzattacken, Kolitis, Asthma, Allergien und Immunschwäche hervorrufen. Einige Fachleute haben durchblicken lassen, daß weitere Faktoren außer HIV notwendig sein könnten, um zu erklären, warum einige Leute mit dem Virus an AIDS erkranken, andere jedoch nicht. Ich fragte mich, ob einer dieser Faktoren nicht etwas zu tun haben könnte mit ständigem Streß, der teilweise auf unbewußten Schuldgefühlen beruht und über ein Leben hin unser Immunsystem und damit unsere Gesundheit beeinträchtigen kann. Streß dieser Art befällt uns, wenn wir die homophoben Aussagen der Kirchen zu ernst nehmen. Im Interesse der Gesundheit sollten wir darum kämpfen, uns vom Einfluß solcher homophoben Machtansprüche zu befreien. Jedermann hat die ernste moralische Verpflichtung, alles zu tun, um die eigene spirituelle und physische Gesundheit zu schützen.

Um angemessen mit den Fragen von Schuld und Scham umzugehen, muß ich einen Umweg machen über die psychologische Theorie des Ursprungs von Schuld und Scham, um die spezifischen Fragen, von denen Lesben und Schwule betroffen sind, in einen Zusammenhang zu bringen.

Der Ursprung von Schuld- und Schamgefühlen

The American Heritage Dictionary of the English Language gibt zwei Grunddefinitionen des Wortes *Schuld.* Die erste ist »die Tatsache, verantwortlich zu sein für ein Vergehen oder eine Missetat«. Schuld dieser Art handelt von objektiven Fakten, die ermittelt und verifiziert werden können. Die zweite Definition ist viel subjektiver und bezieht sich nicht auf eine Tatsache, sondern auf ein Gefühl: »sich in unbarmherziger Weise bewußt sein, etwas falsch gemacht zu haben«. Dies ist die Art Schuld, um die es uns hier geht: ein psychisches Phänomen, eine Frage subjektiven Fühlens. Die Definition impliziert bereits eine neurotische Qualität, indem sie das Gefühl als »unbarmherzig« bezeichnet. Diese Form von Schuld ist rücksichtslos, unnachgiebig, gnadenlos und nicht zur Vergebung bereit. *Scham* dagegen ist im Wörterbuch definiert als eine »schmerzhafte Situation, die durch Schuldgefühle, Blamage etc. hervorgerufen wird«. Scham ist ein »Meistergefühl«, das den Ausdruck aller anderen Gefühle reguliert und hemmt. Schamvolle Gefühle werden am intensivsten hervorgerufen, wenn wir uns selbst in gewisser Weise als Übertreter grundlegender Werte sehen, mit denen wir uns eigentlich identifizieren. Psychologisch gefährlich wird es, wenn solche Gefühle unsere grundsätzlichsten Ideen über uns selbst und unseren Selbstwert beeinflussen. Pathologische Schamgefühle nehmen die Form von Abscheu vor sich selbst und von Selbsthaß an.

Eine übliche Art von Scham entsteht, wenn z.B. ein Geheimnis allgemein bekannt wird, von dem man glaubt, daß dessen Bekanntgabe peinlich und erniedrigend sei. Schamgefühl wird pathologisch, wenn dasselbe Gefühl bei jedem Tadel oder jedem kleinen Fehler hochkommt; wenn es beginnt, all unsere Beziehungen zu tangieren, weil wir uns in einer wesentlichen Weise fehlerhaft fühlen. Beispielsweise könnte sich dann jemand schämen für die eigenen Wünsche nach Liebe und Zuneigung und dies als Schwachheit ansehen.

Freud glaubte, daß jede Zivilisation auf Schuldgefühlen gegründet sei; daß der Preis der Zivilisierung einer Gesellschaft bezahlt wird, indem das Glück verlustig geht durch ein gesteigertes Empfinden von Schuld. Freud hat an diesem Punkt seiner Überlegungen das Glück mit der Erfüllung des irrationalen und potentiell störenden Lusttriebs des Es gleichgesetzt. Er setzte Zivilisation gleich mit den Einschränkungen, die das Über-Ich auf das Es ausübt. Dies wiederum trägt zu dem herkömmlichen Verständnis bei, wonach sexuelle Erfüllung zu Barbarei führt, und sich moralische Rechtschaffenheit auf die sexuelle Frustration des Menschen gründet. Dieses Verständnis befindet sich in direktem Widerspruch zu der Überzeugung, die ich in diesem Buch vertrete: daß die Herrlichkeit Gottes leibhaftig ist in menschlichen Wesen, und zwar auch leibhaftig in ihrer Sexualität. Die wahre Grundlage der Zivilisation ist eine gesunde Psyche, deren Energien nicht gespalten sind durch Selbstrepression und Selbsthaß, sondern vielmehr frei sind, das Leben zu gestalten und auch zu genießen.

Freuds bedeutender positiver Beitrag zu unserem Verständnis von Psychologie war, uns die unbewußte Rolle klarzumachen, die Schuld und Scham in unserem Leben spielen. Denn immer, wenn Schuld und Scham unbewußt sind, zeigen sie sich in einer selbstzerstörerischen Art und Weise. Unbewußte Schuld zwingt zu Wiedergutmachungen und Richtigstellungen, indem wir unser Selbst in masochistischer Weise bestrafen, um der vagen Bedrohung einer Bestrafung von außen zuvorzukommen.

Es ist jedoch wichtig zu erinnern, daß Schuld und Scham sowie Ärger und Furcht völlig normale und alltägliche menschliche Erfahrungen sind. Als erstes sollten wir lernen, wie wir unterscheiden können zwischen pathologischer und gesunder Schuld und Scham. Gesunde Schuld und Scham können starke und notwendige Motivationen für menschliches Wachstum und Entwicklung abgeben. Sie stellen eine besondere Reaktion, eine Art Ehrfurcht dar, die uns an unsere wesentliche Beziehung zu anderen erinnert. Die gänzliche Abwesenheit jeglicher Gefühle von Schuld oder Scham weist auf eine psychopathische Struktur hin und steht für die entmenschlichste Form geistiger Krankheit. Wir sollten unsere gesunden Gefühle von Schuld und Scham akzeptieren, uns mit ihnen identifizieren und sie zum Anlaß für positive Entscheidungen und Handlungen nehmen.

Auf der anderen Seite müssen wir uns aller pathologischen Spielarten von Schuld und Scham völlig bewußtwerden und deren Kontrolle unserer übrigen Gefühle und Handlungen zu bekämpfen suchen. Pathologische Schuld und Scham sind immer zerstörerisch für unsere Fähigkeit, zu wachsen und uns hin zu voller Menschlichkeit in psychologischer und spiritueller Hinsicht zu entwickeln.

Wenn wir pathologische von gesunder Schuld unterscheiden, werden wir merken, daß gesunde Schuld folgende Charakteristika aufweist: Sie ist bewußt; die Kränkung, die sie hervorgerufen hat (eine Handlung, die mit unseren eigenen bewußten Werten in Konflikt ist), ist relativ klar erkennbar; wir wissen, was wir tun müssen, um die Kränkung zu beheben; und wenn wir dies tun, können wir die Gefühle von Schuld und Scham loslassen und uns selber vergeben.

Die Quelle pathologischer Schuldgefühle ist für gewöhnlich unbewußt. Die Kränkung, derer wir uns schuldig fühlen, ist nicht klar erkennbar. Wir fühlen uns schlecht, aber wir wissen nicht genau warum. Pathologische Schuld bringt uns dazu, uns in selbstzerstörerischer Weise auszuagieren. Wir bestrafen uns selbst, um dem Gericht und der Bestrafung zu entkommen, die wir in unbewußter Weise als von außerhalb unser selbst kommend fürchten. Aber was wir auch tun, wir scheinen die Gefühle von Schuld und Scham nicht loszuwerden. Selbst wenn die Person uns vergibt, die wir meinen gekränkt zu haben, können wir doch uns selbst nicht vergeben.

Aufgrund dieser Art von Schuld haben manche schwulen Männer nur an Sex an öffentlichen Orten (wie einer U-Bahn-Toilette) Spaß, wo ihre sexuelle Aktivität einer intensiven Schuld und Scham Auftrieb gibt –, wo es immer eine Möglichkeit gibt, daß sie überfallen oder arrestiert werden; eine echte Möglichkeit, bestraft zu werden. Wenn sie die Gelegenheit für Sex an einem sicheren, privaten Ort haben, erregt sie das nicht im geringsten. Ihre unbewußte Angst ist, daß, wenn die Möglichkeit menschlicher Bestrafung nicht Teil ihrer »schuldbeladenen« sexuellen Aktivität ist, dann Gott sie in einer schrecklicheren Weise bestrafen wird.

Ich erinnere mich an eine Klientin, die auf einer unbewußten Ebene schreckliche Schuldgefühle hatte wegen der furchtbaren Wut, die sie ihrer Mutter gegenüber hegte. Auch hier stellte sich heraus: Fragen, die wir auf einer bewußten Ebene aufgrund von Schuldgefühlen nicht selber lösen können, lösen sich in einer unbewußten und meistens selbstzerstörerischen Weise.

Manche Psychologen sehen die frühesten Ursprünge unbewußter Schuld im Versuch des Kindes, die Zustimmung der Eltern zu gewinnen. Instinktiv nimmt das Kind den Willen der Mutter an und identifiziert sich mit ihm. Durch Tausende von Interaktionen zwischen Kind und Eltern internalisiert das Kind die Werte und den Willen der Eltern. Dieser Austausch zwischen Eltern und Kind findet nicht immer bewußt statt. In Wirklichkeit ist das Kind für das unbewußte Über-Ich der Eltern extrem empfindsam. Diese frühe Form von Schuld und Scham ist verknüpft mit der absoluten Abhängigkeit des Kindes von Zuneigung, Akzeptanz und Liebe von seiten der Eltern. Diese unbewußte Schuld, eine Art internalisierter Rücksichtnahme, kann viele gesunde Elemente beinhalten. Beispielsweise ist es nicht ungefährlich, ein scharfes Messer anzufassen oder die Straße zu überqueren, ohne nach rechts und links zu sehen. Elternwünsche wirken da hilfreich.

Wir sollten versuchen, all unsere Gefühle von Schuld und Scham ins Bewußtsein zu heben. Dann kann unser bewußtes Ich, mit einem klaren Sinn für seine Werte, diese Gefühle ordnen und entscheiden, welche es wert sind, daß man an ihnen festhält, und welche in Frage gestellt werden und überwunden werden sollten, weil sie sich zerstörerisch auf die Qualität unseres Lebens auswirken.

Eine primitive Quelle pathologischer Schuld im Kindesalter ist das zuvorgenannte »Mutter-bei-Laune-Halten«-Syndrom. W. Ronald Fairbairn stellt fest, daß jedes Kind im Herzen weiß, daß »es besser ist, ein Sünder in einer von einem guten Gott regierten Welt als ein Heiliger in einer von Satan regierten Welt zu sein.«[1] Wie die Gläubigen alles in ihrer Macht Stehende tun, um ihr Gottesbild positiv und rein zu gestalten und damit die Verantwortung für alles Böse auf sich selbst zu nehmen, so wird auch ein Kind alles tun, um Mutter bei Laune zu halten, indem es alle Schlechtigkeit auf sich selbst nimmt. Wenn die Mutter des Kindes schlecht ist und das Kind beschimpft, wird das Kind denken: Ich muß ganz schrecklich sein, wenn ich die Mutter veranlasse, so zu handeln!

Diese Taktik hat den Vorteil, dem Kind den Sinn von Kontrolle zu vermitteln: Wenn ich aufhöre, so schlecht zu sein, wird Mutter aufhören, mit mir zu schimpfen. Andererseits, würde das Kind in Wahrheit seine Mutter als böse sehen, dann müßte es sich von der Wirklichkeit überhaupt über den Weg eines psychotischen Zusammenbruchs zurückziehen. Mutter-bei-Laune-Halten ist so der einzige Weg, den das Kind gehen kann, um mit der Wirklichkeit in Kontakt zu bleiben.

Das Mutter-bei-Laune-Halten-Syndrom mag eine »gesunde« Anpassung bedeuten für ein Kind mit mißhandelnden Eltern. Im späteren Leben jedoch kann das Syndrom zu einer verheerenden Art von Masochismus werden. Häufig wird dies auch der primäre Weg sein, auf dem die Person für den Rest ihres Erwachsenenlebens auf Mißbrauch reagiert. Wenn Schwule oder Lesben, die dieses Syndrom haben, überhaupt erst den Entwicklungsstand des vollen Erkennens ihrer sexuellen Orientierung erreichen, verknüpfen sie oft ihre Schuld- und Schamgefühle und das niedrige Selbstwertgefühl mit ihrer Homosexualität. Wir können diese Art von Rechtfertigung in den

Schwulen und Lesben wiedererkennen, die an einer zerstörerischen Beziehung mit einem Alkoholiker oder einem mißhandelnden Partner festhalten oder die in einem Arbeitsverhältnis bleiben, in dem sie oder er ausgenutzt oder ungerecht behandelt wird. Menschen mit diesem Problem sehen diesen Partner oder miserablen Job als einzig mögliche Wahl und meinen, sie müßten das Beste daraus machen. Aus diesem Grund fressen sie ihren Ärger in sich hinein. Wir mögen vielleicht während der Kindheit »das Beste« aus unseren Eltern machen müssen, aber wir haben immer die Freiheit, einen Job zu wechseln oder sogar den Partner, falls es nötig sein sollte.

Die Fähigkeit, sich zu kümmern

Es gibt eine andere Art von Schuldgefühl, die eher gesund und bewußt ist und sich nicht zerstörerisch auswirkt. D.W.Winnicott erklärte diese Form von Schuld in seinem Aufsatz »Die Entwicklung der Fähigkeit der Besorgnis«[2]. Was wir in negativer Weise als Schuld bezeichnen, hat auch einen positiven Aspekt, den Winnicott Sorge oder »Rücksichtnahme« nennt. Ein Sich-Kümmern oder Sorgen geht zurück auf die Tatsache, daß ein Individuum *sich kümmert* oder *sich Sorgen macht* um andere, einen Sinn für Verantwortung hat und die Konsequenzen seiner Handlungen übernimmt. Die Fähigkeit zu Rücksichtnahme ist die Grundlage allen konstruktiven Spiels und konstruktiver Arbeit und ist, im Gegensatz zu Freuds Auffassung, die wahre Grundlage der Zivilisation.

Damit ein Kind einen Sinn für Rücksichtnahme entwicklen kann, braucht es angemessene Erziehung. Beginnend in frühester Kindheit, ist jedes Kind ein »symbiotischer Therapeut« (Winnicott). (Ein symbiotischer Therapeut ist jemand, der einen anderen versucht zu heilen, indem er den Schmerz des anderen absorbiert.) Wenn ein Kind seine Mutter ausschließlich dazu gebraucht, den Hunger zu stillen, wird die Mutter zu etwas, das Winnicott die »Objekt-Mutter« nennt. Diesen Aspekt der Mutter, der den Wünschen des Kindes nach Nahrung entspricht und darüber hinaus sich um Pflege und Zuneigung kümmert, nennt Winnicott die »Umwelt-Mutter«. Durch den Hungertrieb wird das Kind zu rücksichtslosem Ausnutzen der Mutter als Objekt verleitet. Wenn es aber so gehandelt hat, fühlt das Kind eine Art Schuld, die später verringert wird durch den Beitrag, den das Kind gegenüber der Umwelt-Mutter leisten kann. Erwachsene Sexualpartner verfahren auch so miteinander: sowohl als sexuelle Objekte, die sich gegenseitig anfallen und einander konsumieren, als auch als Umweltobjekte, die diese Attacke überleben, indem sie auch weiterhin Liebe und Zuneigung zeigen und darauf bedacht sind, eventuell angerichteten Schaden wiedergutzumachen. Immer habe ich die Weisheit meines Professors für Moraltheologie bestaunt, der auf die Frage, welche Art von Vorspiel denn zwischen Sexualpartnern angemessen sei, die Antwort gab: »Was immer gegenseitig angenehm und in angenehmer Weise gegenseitig ist.«

Moralerziehung und Schuldgefühle

Die zentrale therapeutische Frage des moralischen Heranreifens bezieht sich auf eine Moralerziehung ohne die ungewollten Nebenprodukte handfester Schuld- oder Schamgefühle.

Es gibt Wege, einem Kind moralisches Bewußtsein zu vermitteln, die grundlegend zerstörerisch sind hinsichtlich eines menschlichen Reifeprozesses. Sie vernichten jede Autonomie (die Möglichkeit persönlicher Wahl) und daher alle persönliche Verantwortung. Ein Kind mit einer solchen Erziehung ist nicht ein selbstbestimmtes, verantwortliches, sittliches Individuum, sondern ein gehorsamer, verantwortungsloser Konformist.

Wir brauchen dringend ein moralisches Bewußtsein, insbesondere in der Lesben- und Schwulenbewegung. Individuen sind gefragt, die fähig und gewillt sind, beispielhaft zu zeigen, wie persönliche Entscheidungen bezüglich des Lebensstils gefällt werden können, ohne übertriebene Schuld- oder Schamgefühle und wie reife Verantwortung für diese Entscheidungen getragen werden kann.

In jedem Menschen gibt es einen grundlegenden Zug zu Autonomie, zu Spontaneität und Selbstbestimmung. Viele Faktoren üben jedoch Druck auf uns aus. Wir sollen unser Leben bestimmen lassen durch Erwartungen von außen, eher denn durch unsere inneren Überzeugungen. Für Homosexuelle bedeuten diese Erwartungen von außen den Versuch, sie dazu zu bringen, ihr Anderssein zu verbergen und zu unterdrücken, um heterosexistische Rollen und Verhaltensmuster anzunehmen. Gott sei Dank haben wir alle fehlbare Eltern! Durch deren Fehler zwingen sie uns, Bilanz zu ziehen über unser Leben, erwachsen zu werden, persönliche Entscheidungen zu fällen und dafür Verantwortung zu tragen. Gott sei auch Dank für die Fehlbarkeit der Kirche, denn sonst könnten wir uns niemals von ihr distanzieren, um in unserer Spiritualität zu reifen.

Eine Person, die in ihrer Kindheit übertriebenen Ansprüchen und Erwartungen unterworfen wurde, wird nicht selbstbestimmt sein, sondern nur darauf reagieren können, was man von ihr erwartet. Man kann sich entweder anpassen oder rebellieren: beides bedeutet eher eine Reaktion auf Äußerlichkeiten als auf das Innere; beides bewirkt eine Zunahme an Scham- und Schuldgefühlen.

Die stärkste »Sittlichkeit« entspricht der frühesten Kindheit. Denn schon dem Kind begegnet rasch »Unsittlichkeit« in Form von Willfährigkeit –, und zwar längerfristig auf Kosten des persönlichen Wohlbefindens des Kindes. Willfährigkeit bringt unmittelbare Belohnungen. Die Erwachsenen verwechseln nur zu leicht Willfährigkeit mit einem echten Lernprozeß. Der Reifeprozeß kann umgangen werden durch eine Reihe von Identifikationen, so daß sich ein unechtes Selbst entwickelt, vielleicht eine Kopie eines anderen. Was wir das echte und wesentliche Selbst nennen, wird verschleiert; ihm wird lebendige Erfahrung vorenthalten. Winnicott machte die Beobachtung: »Das Kind spürt, daß das, was in seinem bösartigen Verhalten eingeschlossen ist, Hoffnung ist, und daß mit Sich-Fügen und falscher Sozialisation *Verzweiflung* verknüpft ist.«[3] Wenn Kinder spüren, daß sie ihr wahres Selbst ausleben dürfen und trotzdem geliebt werden, obwohl dieses Selbst wütend etwas will, das im Gegensatz zum Willen der Eltern steht, dann erst fangen sie an zu glauben, daß ihr wahres Selbst liebenswert ist.

Unsichtbare Schiedsrichter in der Familie

W.Robert Beavers behandelt in seinem Buch *Psychotherapy and Growth: A Family Systems Perspective*[4] den zerstörerischen Gebrauch von Scham und Schuld in der Familie. In einer von Beavers als Durchschnittsfamilie beschriebenen Familie (d.h. eine Familie mit einigen ernsthaften neurotischen Problemen, angesiedelt irgendwo zwischen der optimalen Familie mit ausgezeichneter geistiger Gesundheit und der dysfunktionalen Familie) gibt es Verhaltensweisen, als ob in ihr ein unsichtbarer Schiedsrichter wirkte oder als ob sie einer gemeinsamen Autorität von außen gehorchte. Der Schiedsrichter kann abstrakt oder personifiziert sein. In vielen Familien finden wir ihn wieder in einem »man«, dieser gesichtslosen Anordnung von guten Leuten, die sich selbst wohl unter Kontrolle haben und deshalb soziale Macht besitzen. Bei anderen Familien ist es eine formale religiöse Größe, der man in perfektionistischer Unmenschlichkeit anhängt. Der Schiedsrichter tyrannisiert alle Familienglieder durch Denk-, Verhaltens- und Gefühlsnormen, die unempfindlich sind gegenüber den Nöten von Menschen, insbesondere sexuellen und aggressiven Nöten.

Das Schiedsrichtersystem macht nicht halt vor Verhaltenskontrolle, es diszipliniert ebenso Fühlen und Denken. Fortwährend versucht es, inneres Leben mit vorgegebenen Regeln zu harmonisieren. Ein großer Teil des Selbst muß daher in verbotener Phantasie oder illegalem Verhalten einen Ausdruck finden. Dies führt zu intensiven Scham- und Schuldgefühlen. Der Familienschiedsrichter unterscheidet sich vom Über-Ich durch »man sollte« und »man müßte«, dieser Mechanismus wird von allen Familiengliedern geteilt. Hier gibt es kein Ich, nur ein »Wir«. Der Schiedsrichter reduziert die Autonomie aller Familienglieder. Alles individuelle Denken, Fühlen und Handeln ist suspekt. Wenn ein Angehöriger anders ist als der Rest der Familie, dann produziert dies eine intensive Angst, und man bemüht sich mit gemeinsamen Kräften, dieses Anderssein zu verleugnen oder zu unterdrücken. Menschen, die von den Erwartungen der Familie abweichen, sind gefangen zwischen Groll, wenn sie sich anpassen, und Schuld, wenn sie rebellieren. Hier gibt es wenig Raum für irgendwelche Erfüllung oder lustvolles Erleben. Das schwule oder lesbische Kind einer Durchschnittsfamilie wird unter Androhung emotionaler Ablehnung oder gar physischer Bestrafung gezwungen, sich dem Familienmuster zu beugen.

Oft projizieren wir den Familienschiedsrichter auf Gott. Gott wird zu einem transzendenten Über-Ich, dem wir gänzlich ausgeliefert sind, und in dessen Gegenwart wir deshalb auch Schuld- und Schamgefühle haben. Dieses Verständnis von Gott führte Sartre dazu, den Glauben an Gott gleichzusetzen mit extremsten Formen von Schuld und Scham. Die Vorstellung, so Sartre, fortwährend den Augen Gottes ausgesetzt zu sein, dessen Blick unser innerstes Wesen durchdringt, bedingt unerträgliche Schamgefühle: »Des anderen (d.h. Gottes) Blick ist mir Hölle!«[5]

Diese Aussage triff zu, wenn dieser Blick ein versachlichender Blick des Gerichts eines Gottes der Furcht ist, der uns den Maßstab eines dem Menschen unmöglichen moralischen Standards anlegt. Es gibt keine gesunde Intimität, wenn wir uns selbst intensiven Scham-und Schuldgefühlen aussetzen. Aber Sartre übersieht die Möglichkeit, daß der Blick eines Vaters oder einer Mutter – oder auch der Blick Gottes – ein Blick von bedingungsloser Liebe sein kann.

Durchschnittsfamilien definieren häufig, was gut oder akzeptabel ist, indem sie das eigentlich Menschliche ausschließen: Wütend zu sein ist schlecht, irgendwelche sexuellen Empfindungen zu haben, ob nun schwule oder heterosexuelle, ist häufig nicht akzeptabel. Auf starkes Unverständnis stoßen auch ambivalente Gefühle gegenüber den Eltern, wenn sie sowohl als gut als auch als böse betrachtet und ihnen deshalb sowohl Gefühle von Liebe als auch von Ärger entgegengebracht werden. Dieser Grundzug verhindert in extremer Weise die Möglichkeit angenehmer familiärer Interaktionen und Atmosphäre. Anstatt diese Ambivalenz als natürlichen Kern des menschlichen Wesens zu akzeptieren, fassen Durchschnittsfamilien diese Ambivalenz als Teil eines eigenwilligen und bösen Selbst auf, das unter Kontrolle gebracht werden muß.

Ganze Familien vereinen sich mit Schamgefühlen bei Ereignissen wie Selbstmord, Bankrott, einem Alkoholiker in der Familie oder einer lesbischen Tochter oder einem schwulen Sohn. Es wird zu einer impliziten Familienregel, nicht über schmerzvolle Erfahrungen zu sprechen. Ihr Schamempfinden führt sie zu rigider Kontrolle ihrer Gefühle, und sie errichten hohe und unmenschliche Maßstäbe für sich selbst. Folglich zeigen oder teilen sie nie tiefe Gefühle. Wir machen alle unsere Erfahrungen mit Wünschen und rebellierenden Gefühlen. Wir haben Aspekte von uns selbst unterdrückt, die nicht zu unserer Familie oder der Gesellschaft passen. Der Schiedsrichter einer Durchschnittsfamilie bürdet einem sich noch entwikkelnden Kind eine zusätzliche Last auf, besonders, wenn dieses Kind lesbisch oder schwul ist. Dies resultiert aus einer engen Selbstdefinition und aus weitreichenden Unterdrückungen.

Solch enge Selbstdefinition drückt sich häufig in den stereotypen männlichen und weiblichen sozialen Rollen aus, die von der Familie als moralisch korrekt und göttlich sanktioniert angenommen werden. Das schwule oder lesbische Kind einer solchen Familie wird intensive Scham- und Schuldgefühle haben, wenn es den Wunsch zeigt, von diesen stereotypen Rollen abweichen zu wollen. Der nicht-jungenhafte Junge oder das nicht-mädchenhafte Mädchen werden gezwungen werden, ihr wahres Selbst zu unterdrücken und ein falsches und angepaßtes Selbst auszuleben, um von der Familie angenommen zu werden.

Einer meiner Klienten war ungefähr fünfzig Jahre alt. Er fühlte sich als Frau. Fünfzig Jahre lang hatte er versucht, zu verleugnen und zu unterdrücken, was er als sein wahres weibliches Selbst erahnte. Er heiratete, gründete eine Familie und hatte eine Anstellung. Seinen Kindern war er ein ausgezeichneter Vater. Denn sie hatten, wie er sagte, ohne ihr Wissen zwei Mütter auf einmal. Doch schließlich, im fünfzigsten Lebensjahr, konnte er nicht länger sein weibliches Selbst unterdrücken. Der einzige Ausweg war, sein weibliches Selbst zuzulassen, das er schon immer gewesen war – oder Selbstmord zu begehen. Er teilte seiner Frau und den Kindern seine Entscheidung mit und fing an, sich als Frau zu kleiden und zu verhalten. Zu seiner Überraschung war seine Familie, anstatt der erwarteten Ablehnung, in der Lage, seine Freude über seine Befreiung mit ihm zu teilen.

Die Rolle der Therapie

In der Vergangenheit versuchte die vorherrschende therapeutische Methode, Homosexuelle in Heterosexuelle zu verwandeln; sie verstärkte damit deren Schuld, Scham und Selbsthaß. Im Versuch, ihre homosexuellen Klienten zu »bekehren«, haben homophobe Therapeuten bewußt diesselbe Technik verwandt, die eine Durchschnittsfamilie unbewußt verwendet. Dieser Bekehrungswille gründet sich auf einer Reihe von falschen Annahmen. Die erste ist, daß alle menschlichen Wesen ihrer Natur nach heterosexuell seien. Folglich wird Homosexualität als Fehlverhalten erklärt und mit »Unreife« gleichgesetzt. »Reife« dagegen ist definiert durch gegengeschlechtliches Angezogensein. Von dieser Warte aus wird ein heterosexueller Vergewaltiger als wesentlich reifer angesehen als die schwule oder lesbische Form echter menschlicher Liebe in einer sexuellen Beziehung.

Die zweite Annahme ist, sexuelle Orientierung sei eine Frage der Entscheidung, und man könne, wenn man nur richtig motiviert sei, sich für eine Änderung entscheiden. Die Art und Weise, wie eine solche Änderung zu vollziehen sei, ist nach Edmund Berglers klassischem Werk *Homosexuality: Disease or Way of Life?*: »alle latenten Schuldgefühle zu mobilisieren«.[6] Und wenn keine Änderung der sexuellen Orientierung eintritt, kann der Therapeut dies einer fehlenden Mitarbeit oder fehlendem Willen des Klienten zurechnen. Wiederum verstärken sich dadurch die Schuld- und Schamgefühle und der Selbsthaß des Klienten.

In ähnlicher Weise wird in den religiösen Gruppen vorgegangen, die behaupten, in der Lage zu sein, Homosexuelle zu »heilen«. Sie versuchen dies, indem sie das Bewußtsein der schwulen oder lesbischen Person für ihr sündiges und böses Wesen aufgrund ihrer sexuellen Gefühle verstärken. Da sexuelle Orientierung grundsätzlich nicht zu ändern ist, wird das »Effektivste«, was von einem solchen Prozeß zu erwarten ist, die Tatsache sein, daß die schwule Person ihre oder seine schwule Identität unterdrückt und ein Verhalten annimmt, das sich in Widerspruch mit dieser Identität befindet. Tatsächlich kommt dies einer Form von psychischer Verstümmelung oder einem Suizid gleich. Hinter diesem Vorgang steckt die Auffassung, es sei besser, ein kranker Heterosexueller als ein gesunder Homosexueller zu sein. Die Annahmen, von denen diese Art von Behandlung ausgeht, sind falsch. Homosexualität ist eine natürliche Variante menschlicher Sexualität. Homosexuelle sind in der Lage, völlig reife, liebevolle und gesunde Beziehungen aufzubauen. Empirisch evident ist, daß eine Änderung der sexuellen Orientierung unmöglich ist. Sie kann verleugnet oder unterdrückt werden; sie kann in einer widersprüchlichen Weise ausgelebt werden; aber die Orientierung selber kann nicht geändert werden. Da es keine Evidenz einer erfolgreichen Änderung der Orientierung gibt, werden alle Versuche, dies doch zu tun, Pseudo-Heterosexuelle hervorbringen. Die Mehrzahl derer, die sich einer solchen Behandlung unterziehen, endet mit ernsthaften Verunstaltungen durch die Behandlung und zunehmender Geschlechtsdysphorie. The American Psychological Association anerkennt die Tatsache, daß Geisteskrankheit aus einem Konflikt mit der eigenen sexuellen Orientierung entspringen kann. Deshalb ist der einzige Weg zu geistiger Gesundheit: seine eigene Orientierung akzeptieren lernen und sie in einer positiven Art und Weise ausleben.

Coming Out

Für eine lesbische oder schwule Person ist die Befreiung von der Last der Schuld, der Scham und des Selbsthasses identisch mit dem Vorgang des »coming out«. Eli Coleman beschreibt [7] fünf Etappen der Entfaltung einer positiven schwulen Identität. Die erste ist eine vorläufige Coming-Out-Phase. Experten meinen, daß im Alter von drei Jahren schwule Identität bereits voll etabliert ist und Familienangehörige sich dieser sexuellen Orientierung bereits zu diesem frühen Zeitpunkt bewußt seien. Die meisten Kinder lernen von ihren Eltern, daß Homosexualität falsch sei und daß man von ihnen erwartet, daß sie heiraten, wenn sie erwachsen sind. Folglich fühlt sich das Kind anders – entfremdet und allein. Sexuelle Gefühle gegenüber dem eigenen Geschlecht einzugestehen, würde zu Spott und Ablehnung führen. Aus diesem Grunde entwickeln schwule und lesbische Kinder ein niedriges Selbstwertgefühl. Sie schützen sich selbst durch Mechanismen wie Verleugnung und Repression. Die Konsequenzen dieses Versteckspiels können sich enorm destruktiv auswirken. Wenn schwule oder lesbische Kinder ihre wahren Gefühle unterdrücken, fügen sie sich jedesmal aufs neue psychische Verletzungen zu. In der Folge leiden sie an Depressionen und spüren weniger Vitalität und Freude in ihrem Leben.[8]

Da Kinder sich gleichgeschlechtlicher Gefühle nicht bewußt sind, können sie ihre inneren Konflikte zwischen ihren Gefühlen und den Erwartungen der Familie nur durch Verhaltensauffälligkeiten mitteilen, wie z.B. durch psychosomatische Erkrankungen oder Selbstmordversuche. Die einzige Lösung dieser Probleme ist, der Tatsache des Andersseins mutig ins Auge zu sehen, seine eigenen Schutzmechanismen abzubauen und sich seine/ihre schwule oder lesbische Orientierung einzugestehen.

Die meisten Schwulen und Lesben haben eine bewußte Ahnung ihrer sexuellen Orientierung während ihrer Pubertät, d.h. zwischen dreizehn und achtzehn. Wenn sich jemand einmal seiner gleichgeschlechtlichen Gefühle bewußt geworden ist, vergeht für gewöhnlich eine geraume Zeit, bevor diese beim Namen genannt werden können. Heranwachsende sind deshalb verwirrt, wenn sie versuchen, ihre Gefühle zu begreifen. Dies impliziert jedoch nicht, daß ihre sexuelle Orientierung nicht bereits abgeschlossen ist.

Der Vorgang des Coming Out (anderen zu sagen, daß man schwul oder lesbisch ist) ist identisch mit dem Vorgang des Sich-Selbst-Akzeptierens. Das damit verbundene Risiko wird abgewogen gegenüber der Notwendigkeit der Bestätigung von außen. Wenn die ins Vertrauen gezogene Person negativ reagiert, werden wir all unsere Gefühle von Scham und Schuld bestätigt sehen. Werden wir jedoch in positiver Weise angenommen, können wir den Heilungsprozeß beginnen lassen: unsere sexuellen Gefühle annehmen und ein Selbstwertgefühl aufbauen.

Es hat sich gezeigt, daß eine positive schwule oder lesbische Identität für gesunde psychologische Anpassung notwendig ist.[9] Eine der

Hauptfunktionen schwuler/lesbischer sozialer oder religiöser Gruppen besteht im Schaffen einer »akzeptierenden Umwelt«, in der man sich selbst als Schwuler/Lesbe akzeptieren und lieben lernen kann. Akzeptanz wurde ursprünglich im familiären Zusammenhang verweigert; dies können wir uns nicht selber geben; vielmehr schenken wir uns Akzeptanz gegenseitig.

Wir müssen Risiken eingehen, um Akzeptanz von anderen zu erfahren und um in der Lage zu sein, uns selbst zu akzeptieren. Denn es ist das Bewußtsein, unser Coming Out bedeute für unsere Familien eine Quelle intensiven Schmerzes, weswegen viele Lesben und Schwule lieber diesen Prozeß des Coming Out erst gar nicht einleiten. Eher nehmen sie all den Schmerz auf sich selber und bewahren ihre gleichgeschlechtlichen Gefühle als ein dunkles Geheimnis. Eltern sollten wissen, daß ihre schwulen Söhne und lesbischen Töchter mit dem Coming Out ein schreckliches Risiko des Abgelehntwerdens eingehen. Coming Out ist immer ein Akt von Mut und Vertrauen.

Aufgrund ihrer Verletzlichkeit müssen junge Leute besonders vorsichtig in der Wahl derer sein, denen sie sich anvertrauen. Sie sollten von vornherein einer Akzeptanz einigermaßen sicher sein. Meistens ist ein klug ausgewählter Therapeut die beste Person, mit der ein solcher Prozeß begonnen werden kann.

Eine effektive Psychotherapie mit homosexuellen Menschen muß folgende Punkte in Frage stellen: alle Familien-Schiedsrichter-Systeme und die zugrundeliegende Prämisse einer menschlichen Verdorbenheit. Sie muß eine Erfahrung von Intimität ohne Vorbedingungen anbieten. Das Ziel des Therapeuten sollte sein, seinen Klienten zu helfen, ihre schwule Identität zu erkennen und zu akzeptieren, ihr interpersonales und soziales Leben zu verbessern und ihre schwule Identität aufzuwerten und zu intergrieren, insbesondere weil sie in einer meist feindlichen heterosexuellen Gesellschaft leben.

Für Lesben oder Schwule wird ein natürlicher Teil des Heilungsprozesses in der Therapie beinhalten, daß intensive Gefühle von Scham und Schuld zu Bewußtsein kommen. Ein Großteil meiner Arbeit als Psychotherapeut für Homosexuelle drehte sich um die Schaffung eines therapeutischen Umfelds und eines Vertrauens, das ihnen gestattete, das Risiko der Offenheit einzugehen und alle Schuld, Scham und allen Selbsthaß bewußtwerden zu lassen und diese Gefühle im Rahmen einer liebevollen und urteilsfreien Atmosphäre mitzuteilen. Durch einen solchen Prozeß bewirken sie oft eine »Austreibung der Dämonen«, d.h. der pathologischen Schuld und des Selbsthasses. Damit ist der Weg frei zu Energie, zu Frieden und zur Freude der Selbstakzeptanz.

Über sich selbst lachen zu können, ist das effektivste Mittel gegen Scham. Klienten, die über ihre eigene Geschichte von Demütigungen lachen konnten, erfuhren eine unmittelbare Erleichterung hinsichtlich ihrer Schamgefühle. Humor war immer schon eines der gesündesten Merkmale der Schwulenbewegung.

Sind Lesben oder Schwule erst einmal Teil einer Gemeinschaft von akzeptierenden Freundinnen und Freunden geworden, mit denen sie Freud und Leid als Homosexuelle teilen können, ist es ohne intensive Scham- und Schuldgefühle viel einfacher, die Ablehnung seitens anderer Freunde, Familienangehöriger oder der Gesellschaft auszuhalten. Da die Chancen sehr gering sind, daß man auf unmittelbare positive Akzeptanz der Eltern und anderen Familienangehörigen trifft, ist es für gewöhnlich vor einem Coming Out das Beste, eine solide Grundlage in einer akzeptierenden Gemeinschaft zu schaffen.

Die meisten Familien müssen durch eine Trauerphase gehen, bevor sie einen schwulen Sohn oder eine lesbische Tochter akzeptieren können. Sie gehen durch Etappen von Verleugnung, Kompromissen, Depressionen, Selbstanklagen, Wut usw., bevor sie eine positive Akzeptanz ihrer lesbischen Tochter oder ihres schwulen Sohnes erreichen. Eltern müssen den Verlust der Vorstellung betrauern, daß ihr Sohn/ihre Tochter heiraten und Kinder haben wird. Es ist wichtig für Gays, daß sie ihre Eltern und die anderen Familienangehörigen während dieses Trauerprozesses nicht aufgeben, sondern vielmehr daran denken, wie lange sie selbst gebraucht haben, um zur Selbstannahme zu kommen. Es hilft einer Familie in dieser Phase enorm, wenn sie Gefühle wie Wut, Schuld, Schmerz und Angst mit anderen Eltern homosexueller Kinder austauschen können. Die Mehrzahl meiner sich im Coming Out-Prozeß befindlichen Klienten sind von ihren Familien nach einer Phase der Trauer positiv akzeptiert worden.

Eltern von schwulen Söhnen oder lesbischen Töchtern sind nicht verantwortlich für die sexuelle Orientierung ihrer Kinder. Aber Eltern *können* zum Teil verantwortlich dafür sein, ob ihr schwuler Sohn oder ihre lesbische Tochter eine seelisch gesunde und sich selbst akzeptierende Person ist oder ob sie ihr Leben mit Schuld, Scham und Selbsthaß fristen.

Die nächste Etappe des Coming-Out-Prozesses umfaßt ein Experimentieren mit der neuerworbenen sexuellen Identität, einer mit der Pubertät vergleichbaren Phase also. Für Gays tritt diese Phase oft erst spät ein. Eine Reihe von Klienten hatte erste sexuelle Beziehungen erst im Alter von dreißig oder vierzig Jahren. Wir brauchen Umgang mit unseresgleichen, die mit ihrer sexuellen Orientierung offen und ehrlich umgehen. Dies wird uns zu einem positiven Selbstbild verhelfen. Das vorrangige Entwicklungsziel in dieser Phase ist daher, zu lernen, wie man andere Schwule und Lesben treffen, mit ihnen umgehen und ein positives Bewußtsein der eigenen sexuellen Attraktivität, die wir auf andere ausüben, entwickeln kann. Häufig gilt es da, ernsthafte Probleme bezüglich des eigenen Körperimages zu meistern. Jugendliche mit niedrigem Selbstwertgefühl neigen zu selbstzerstörerischen Handlungsweisen. Sie riskieren dabei, sich gänzlich der Verantwortung zu entziehen, die sie für ihr Leben übernehmen sollten. Sie ziehen es in der Folge vor, sich selbst zu bemitleiden und anderen die Schuld zu geben. Sie müssen lernen, daß das größte Hindernis zu erfolgreicher Selbstakzeptanz in ihnen selbst liegt.

Eine große Gefahr während dieser Phase liegt im Abhängigwerden von Alkohol oder Drogen, um damit den chronischen Schmerz zu betäuben und das schwache Selbstimage zu stützen. Drei von zehn schwulen Männern haben ernsthafte Probleme mit Alkohol. Zwanghafte sexuelle Aktivität findet oft statt, wenn man betrunken oder high ist; auch sie wird oft zum Aufpolstern des Selbstbildes benutzt. Dieser Verhaltensweise folgen jedoch für gewöhnlich nur noch intensivere Schuld- und Schamgefühle sowie Selbsthaß. Die daraus resultierende Zunahme an negativen Gefühlen führt zu einer noch zwanghafteren Flucht zu Alkohol, Drogen und zwanghaft-sexueller Aktivität. Diese birgt heute die Bedrohung einer Ansteckung mit dem AIDS-Virus in sich.[10]

Ein Wort der Vorsicht ist hier am Platze. Obwohl der einzige Weg zu einer gesunden Selbstakzeptanz durch den Prozeß des Coming Out zu erreichen ist, geschehen nicht notwendigerweise alle Handlungsweisen eines Coming Out aus den richtigen Beweggründen. Beispielsweise kann jemand sich den Eltern öffnen, weil er ihnen wehtun und sich rächen will. Diese Art von Coming Out führt aber nur zu stärkeren Schuld- und Schamgefühlen und zu niedrigem Selbstwertgefühl. Oder: Jemand öffnet sich in unvorsichtiger Weise am Arbeitsplatz mit dem unbewußten Motiv, sich selbst in masochistischer Weise zu bestrafen, indem man ihm kündigt. Wir müssen Beweggründe sehr wohl analysieren, bevor wir uns in irgendeiner speziellen Situation offenbaren; wir sollten sicher sein, daß uns dies zu einer gesünderen Weise von Selbstannahme führt.

Nach einer Phase sexuellen und sozialen Experimentierens werden sich Schwule und Lesben meist nach einer stabileren Beziehung sehnen, die sowohl körperliche als auch emotionale Anziehung miteinander verbindet. Wie Coleman dargelegt hat, sind aus verschiedenen Gründen erste Beziehungen häufig desaströs. Man kann nicht eine gesunde und dauerhafte Beziehung aufbauen, wenn noch immer Gefühle von Selbsthaß und Scham da sind. Um eine erfolgreiche Beziehung zu haben, muß sich jemand mit einer soliden und positiven Selbstidentität ausrüsten. Untersuchungen belegen, daß der Durchschnittsschwule erst zehn bis vierzehn Jahre nach dem anfänglichen Bewußtwerden gleichgeschlechtlicher Gefühle beginnt, eine integere und positive Identität zu entwickeln.

Geht jemand eine Beziehung ein, ist es offensichtlich schwierig, lesbische oder schwule Identität vor Freunden, Familie und Gesellschaft zu verbergen. Nun muß die Aufgabe des Coming Out erfüllt werden; sonst wird der Druck aufgrund der Beziehung unerträglich.

In der ersten Erfahrung liebevoller Intimität wird man leicht zum »hungrigen Kind«, das bemuttert werden will und absolute Aufmerksamkeit und Befriedigung verlangt. Da nun kein Erwachsener diese Art von Liebesbeweis erbringen kann, folgen intensive Eifersucht, Besitzansprüche und Vertrauensverlust. Alle Anstrengungen, ein Recht auf Eigenständigkeit und auf das Bedürfnis gelegentlicher Trennung durchzusetzen, werden als Mangel an Liebe interpretiert werden. Der Ärger zwischen den Partnern wird so groß werden, daß der Schmerz des Zusammenseins jegliches Wohlfühlen überwiegt. Dies bedeutet meistens, daß eine(r) der Partner/innen oder beide nicht die früheren Phasen der Selbstakzeptanz erreicht haben. Schuld, Scham und Selbsthaß machen Vertrauen unmöglich; man projiziert unbewußt allen Selbsthaß auf den Partner. Eine Vielzahl von Homosexuellen muß durch verschiedene Prüfungen während einer Beziehung gehen, bevor sie das »hungrige Kind« besiegen und eine reifere Beziehung aufbauen können. Solche erwachsenen Beziehungen zeichnen sich aus durch Nicht-Possessiv-Sein, durch gegenseitiges Vertrauen und Freiheit. Endet eine reife Beziehung, kommt es zu den üblichen Trauerreaktionen, nicht aber zu psychologisch destruktiven Prozessen. Mit einer integren homosexuellen Identität hat man eine viel bessere Chance, den Herausforderungen der Wechseljahre und des Alters ohne ernstere Probleme zu begegnen.

Die religiöse Dimension

Für Lesben und Schwule bedeutet jeder Schritt in diesem Coming Out-Prozeß, Trauerarbeit zu leisten. Man muß in seiner alten Identität und all den damit verbundenen Möglichkeiten »sterben«, bevor man Selbstakzeptanz erreichen kann.

Wir müssen Trauerarbeit leisten und manche Hoffnung fahren lassen, daß wir dazugehören oder von der heterosexuellen Welt akzeptiert werden könnten. Wenn er erfolgreich ausgeführt wird, dann öffnet uns jeder Schritt in diesem Prozeß der Trauerarbeit die Möglichkeit zu spirituellem Wachstum. Indem wir uns mit unserm »Exilstatus« in dieser Welt abfinden, haben wir Schwule und Lesben eine wunderbare Möglichkeit, Glauben, Vertrauen und Liebe zu Gott zu entwickeln – im Bewußtsein, daß wir angstfrei zu Gott gehören.

Es gibt durchaus die Möglichkeit, eine heilsame Form von Schuld und Scham in der Gegenwart Gottes zu spüren. Diese Emotion ist identisch mit der gesunden Schuld, die wir im Umgang untereinander fühlen. Oder wie Jesus sagte: »Was ihr für einen meiner geringsten

Brüder getan habt, das habt ihr mir getan« (Matthäus 25,40). Die Schrift betont nachdrücklich, daß wir nur in einer echten und angemessenen Weise mit Gott umgehen können, wenn wir uns unserer Schuld bewußt sind, von ihr Abstand nehmen und Gottes Vergebung suchen.

Paul Tournier unterstreicht[11], daß die Schrift uns einen Christus offenbart, der diejenigen annimmt, die die Welt verschmäht und die sich ihrer Schuld bewußt sind. Auf der anderen Seite tadelt er jene, die sich selbstgenügsam geben und jegliches Bewußtsein von Schuld unterdrücken.

Ähnliche Kriterien, um gesunde von pathologischer Schuld zu unterscheiden, sind für unsere Beziehung zu Gott anzuwenden. Gesunde Schuldgefühle sind bewußter Natur, wir sind uns des Vergehens bewußt und wissen, welchen Ausgleich wir dafür zu leisten haben. Wir können dann Vergebung von Gott akzeptieren, uns selbst vergeben und unser Selbstvertrauen und unser Selbstwertgefühl wieder herstellen.

Gesunde Schuldgefühle in unserer Beziehung zu Gott sind in vielerlei Hinsicht identisch mit den gesunden Schuldgefühlen, die ein Kind in der Beziehung zu seinen Eltern realisiert. Gesunde Schuldgefühle erwachsen aus einer persönlichen Bezogenheit auf einen liebenden Gott und aus einem auf Dankbarkeit beruhenden Bedürfnis, etwas wieder gutmachen zu wollen und Vergebung zu suchen für Handlungen, die uns von Gott, unserem Vater und unserer Mutter, trennen. Gesunde Schuldgefühle dienen immer der Intimität. Sie führen zu einer echten und persönlichen Beziehung mit Gott.

Eine hilfreiche Art von Rücksicht und Sorge spielt eine große Rolle in der Beziehung zwischen Kind und Mutter. Ebenso kann eine positive Art von Schuldbewußtsein und Sorge eine Rolle spielen, wenn sich unser spirituelles Leben auf eine persönliche Beziehung mit Gott gründet. Pathologisches Schuldbewußtsein und Schamgefühl prägen dann unser spirituelles Leben, wenn wir uns nicht der Liebe Gottes und seiner Gegenwart bewußt sind, sondern meinen, wir müßten diese Liebe durch perfektionistische Zwanghaftigkeit und einen willkürlichen und unmenschlichen Moralkodex gewinnen.

In unserem spirituellen Leben gibt es ein Gegenstück zum Coming-

Out-Prozeß: eine graduelle Offenbarung unseres geheimen Selbst gegenüber unserem Vater, unserer Mutter im Himmel. Indem wir uns Gott gegenüber öffnen, gehen wir das Risiko einer Selbstenthüllung ein. Dies bedeutet einen wesentlichen Schritt hin zu mehr Intimität. Ich stimme mit Tournier überein, daß »die Tiefe unserer menschlichen Misere darin liegt, daß wir nie ganz sicher sind, ob wir Gott gehorchen oder ob wir uns ihm widersetzen«.[12] Das zentrale Gebet meines ganzen Lebens war: »Herr, gib mir die Gnade, Deinen Willen zu erkennen, und den Mut, ihn zu befolgen!« Die größte Angst meines Lebens war, daß, würde ich den Willen Gottes herausfinden, ich mit einer unmöglichen Aufgabe konfrontiert wäre (z.b. mein Schwulsein verleugnen zu müssen). Meine größte Freude und Erleichterung war jedoch die Entdeckung, daß Gott nichts Unmögliches verlangt, sondern daß er mich akzeptiert und liebt, gerade so wie ich bin.

Herr, nimm weg die Blindheit, die Dich nicht zu erkennen vermag; nimm weg Furcht, Gefühle von Scham und Schuld, die uns Deine Gegenwart verdunkeln!
Amen.

DRITTER TEIL

SPIRITUELLEN KRÄFTEN RAUM GEBEN

Sprich nur ein Wort und ich werde geheilt

Bei vielen Gelegenheiten während der letzten Jahre hatte ich Gottesdienste für AIDS-Kranke zu leiten.[1] So bewegend diese Zeremonien auch waren, sie forderten zugleich meinen Glauben und mein Vertrauen Gott gegenüber heraus. Sie boten mir die Gelegenheit, über die heilende Rolle Gottes in unserem Leben nachzudenken. In den folgenden drei Kapiteln möchte ich drei spirituelle Tugenden aufzeigen, die den Kern unserer Glaubensbeziehung zu Gott ausmachen und die eine besondere Bedeutung und besondere Schwierigkeiten für Lesben und Schwule in sich tragen. Diese Tugenden sind *Vertrauen, Dankbarkeit* und *Versöhnungsbereitschaft.* Diese Tugenden sind von besonderem Interesse in einer Zeit der AIDS-Krise. Denn in gewisser Weise geben diese Tugenden uns die Chance, Gottes heilende Gegenwart in unserem Leben und unserer Welt freizusetzen.

KAPITEL 8

Vertrauen auf Gott

Du liebst alles, was ist, und verabscheust nichts von allem, was du gemacht hast; denn hättest du etwas gehaßt, so hättest du es nicht geschaffen.
Wie könnte etwas ohne deinen Willen Bestand haben, oder wie könnte etwas erhalten bleiben, das nicht von dir ins Dasein gerufen wäre? Du schonst alles, weil es dein Eigentum ist, Herr, Freund des Lebens. Denn in allem ist dein unvergänglicher Geist.

Weisheit 11,24-12,1

Im Alten Testament lesen wir, daß der Aussätzige Naeman zum Propheten Elisa gekommen war, um geheilt zu werden. Er befolgt Elisas Anweisungen und taucht siebenmal in das Wasser des Jordan ein. Nachdem er sich selbst von der Lepra geheilt sah, kehrte er zurück, um Elisa seine Dankbarkeit auszudrücken. Aufgrund seiner Dankbarkeit empfängt er die Gabe das Glaubens. Er sagt: »Dein Knecht will keinem andern Gott mehr Brand- und Schlachtopfer darbringen als Jahwe allein« (2 Könige 5,1-19).

Für homosexuelle Menschen hat der Glaube zuallererst etwas mit der Tugend des Vertrauens zu tun. Hans Küng[1] betont immer wieder, daß die wesentliche humanpsychologische Grundlage für den Glauben Vertrauen sei. Der Entwicklungspsychologe Erik Erikson behauptet, vorrangiges Ziel für ein Kind sei, grundlegendes Vertrauen zu lernen. Dieses Vertrauen ist der Eckstein einer psychologisch gesunden Persönlichkeit. Ohne Vertrauen ist gelingendes menschliches Leben unmöglich. Keine tiefe Intimität, keine echte Freundschaft und kein lebendiger Glaube werden möglich, es sei denn, wir riskieren Vertrauen.

Fundamentales Vertrauen darauf, daß das Leben gut ist, ist ein Geschenk. Kinder lernen dem Leben insoweit zu vertrauen, als die Eltern sie wirklich lieben und für sie sorgen. Ein Bewußtsein fundamentalen Vertrauens zu bewahren, ist jedoch ein lebenslanges Ziel.

Wir alle müssen daher kämpfen, um die Befähigung zum Vertrauen zu erreichen. Trotz Unsicherheit, Schmerz, Kummer, Krankheit und Tod müssen wir darauf setzen, daß das Leben gut ist, und die Liebe auch über das Grab hinaus triumphieren wird.

Ich glaube jedoch, daß Schwule und Lesben in besonderer Weise herausgefordert sind, ihr Vertrauen der Schöpfung gegenüber unter Beweis zu stellen. Da wir unsere sexuelle Orientierung nicht aussuchen, erfahren wir sie als etwas Gegebenes, als Teil unserer geschaffenen Wirklichkeit. Wenn die Erfahrung unserer sexuellen Orientierung negativ ist, und wir uns selbst als sündig, krank oder böse sehen, wird es zu einer schweren Krise kommen, und das Vertrauen zu unserem Schöpfer wird zusammenbrechen: Nur ein sadistischer Gott, ein Furcht und Mißtrauen und Haß einflößender Gott kann solchen Einfluß ausüben, – nicht etwa ein liebender Gott, an den man sich wie zu liebenden Eltern wenden könnte. Wenn wir die in diesem Punkt falsche Lehre der Kirche annehmen würden, dann hätten wir ein Recht auf grundlegendes Mißtrauen im Leben. Doch Matthew Fox stellt in diesem Kontext die Frage: »Wer weiß mehr über die Schönheit der Schöpfung und der Neuen Schöpfung als diejenigen, denen man durch Religion und Gesellschaft verbal und nonverbal zu verstehen gab, daß die Weise, wie sie geschaffen sind, ein Fehler, und damit nicht genug: eine Sünde war!«[2]

Unser Kampf geht daher um Selbstvertrauen und um die Erkenntnis des Willens Gottes für unser Leben. Der wichtigste Lehrer dabei ist der Heilige Geist. Der Geist wohnt in unseren Herzen und spricht zu uns durch unsere eigene Erfahrung. Weiter kämpfen wir dafür, uns selbst als Menschen mit göttlicher Würde und Verantwortungsbewußtsein und unser Schwulsein als eine Segnung und nicht als einen Fluch anzusehen. Homosexuelle Menschen müssen lernen, ihre Existenz zu feiern. Wir müssen lernen, auf Gott zu setzen.

Gott, unser Vater und unsere Mutter, oft ist unser Vertrauen in das Leben tief verwundet. Gib uns die Gnade, eine grundlegende Vertrauensbasis in unserem von Dir geschaffenen Leben zu erfahren, so daß wir darauf bauen und unsere Existenz als lesbische Frauen und schwule Männer akzeptieren und feiern können. Hilf uns, darauf zu vertrauen, daß Du uns wirklich liebst und akzeptierst, so wie wir sind.

Amen.

KAPITEL 9

Dank

Ist denn keiner umgekehrt, um Gott zu ehren, außer diesem Fremden?
Lukas 17,18

Im Lukas-Evangelium lesen wir, daß zehn Aussätzige zu Jesus kamen; sie wahrten die gesetzlich vorgeschriebene Distanz und schrien: »Jesus, Meister, hab Erbarmen mit uns!« Daraufhin sagte Jesus: »Geht, zeigt euch den Priestern!« (Die Priester waren die Gesundheitsbeamten zu dieser Zeit und hatten zu entscheiden, wer Lepra hatte, und wer nicht, und damit, wer teilhaben konnte an der Gemeinschaft und wer nicht.) Während sie fortgingen, wurden sie von ihrer Krankheit geheilt. Aber einer nur, ein Samaritaner, zeigte seine Dankbarkeit und kehrte zurück, um Jesus zu danken und zu preisen. Die Undankbarkeit der anderen neun Aussätzigen schmerzte Jesus, er bemerkte: »Ist denn keiner umgekehrt, um Gott zu ehren, außer diesem Fremden?« Zum Lohn erfuhr der dankbare Samaritaner eine noch tiefergehende Heilung, eine Heilung seiner Seele: »Dein Glaube hat dir geholfen« (Lukas 17,11-19).

In meiner Praxis als Psychotherapeut merkte ich oft, daß ein pathologischer religiöser Glaube viele dazu führt, ihr spirituelles Leben auf Gefühle von Schuld und Scham zu gründen. Ihr Gebet wird zu einem Gebet der Reue. Aufgrund von Schuldgefühlen haben sie jedesmal aufs neue Angst vor Ablehnung, wenn sie in die Gegenwart Gottes treten. Anstatt dankbar zu sein für die Liebe, die Gott ihnen geschenkt hat, meinen sie, sich diese Liebe mittels Selbstbestrafungen erkaufen zu müssen.

Ein viel gesünderes und auch theologisch abgesicherteres spirituelles Leben gründet sich auf Dankbarkeit für alle Segnungen Gottes. Meister Eckart schrieb: »Wenn das einzige Gebet, das du jemals in deinem ganzen Leben an Gott richtest, ein herzlicher Dank ist, dann wird das genug sein.« Wir sollten diesen Geist der Dankbarkeit bewußt kultivieren. Unser tägliches Gebet sollte sein: Dank sei Gott.

Dank für Leben und Gesundheit, für unsere Eltern und Freunde, für Schönheit und Natur, und für unser Schwulsein mit all den Segnungen und auch den damit verbundenen Schmerzen. Ja, wir sollten Gott auch danken für Zeiten der Dunkelheit und Prüfungen, Schmerz und Leiden, denn diese Zeiten geben uns Chancen der Reifung und tieferen spirituellen Entfaltung.

Ignatius von Loyola wiederholte in seinen geistlichen Übungen fortwährend, daß, obwohl uns all die guten Dinge dieser Welt zur Freude dienen sollen, dennoch die Ehre Gott gehört. Wir können Gott ehren durch die simple Tugend der Dankbarkeit. Dankbarkeit öffnet die Hände Gottes. Ein Geist der Undankbarkeit jedoch bindet Gott die Hände. Wenn Menschen ohne Dankbarkeit besondere Segnungen von Gott erhalten, werden sie stolz und von sich selbst eingenommen. Sie wiegen sich in dem Glauben, daß sie diese Segnungen verdienen, da sie besser seien als andere. Wenn wir wahrhaft dankbar wissen, daß diese Segnungen von Gott kommen aufgrund seiner Güte und nichts zu tun haben mit unserem Wert oder Unwert, dann kann Gott in uns unendllich viel erreichen. Jesus erinnert uns: »Ich bin gekommen, damit sie das Leben haben und es in Fülle haben« (Johannes 10,10).

In dem Trauerprozeß, durch den wir unseren Exilstatus als Homosexuelle erst akzeptieren lernen, liegt eine Gefahr verborgen, die Gefahr, in der Phase der Wut und des Selbstmitleids steckenzubleiben. Viele besondere Gaben, die uns durch unser Schwulsein geschenkt werden, sehen wir dann erst gar nicht. Wenn meine Klienten einmal anfangen, ihre seelischen Wunden zu heilen, die dieser Wut zugrunde liegen, dann ändert sich der Ton in unseren Therapiestunden. Anstatt sich all der schmerzhaften Handlungen zu erinnern, die ihre Wut hervorgerufen hat, fangen sie an, sich an liebevolle und zärtliche Momente der Vergangenheit zu erinnern und ein Bewußtsein für Dankbarkeit aufzubauen, trotz der Wunden, die ihnen geschlagen worden waren. Dies wiederum führt zu einem Geist der Vergebung. Nun konnten sie sich selbst und jenen vergeben, die sie verwundet hatten. Und: Sie konnten Gott vergeben.

Danke, Gott. Danke für das Leben, auch mit all seinem Schmerz, Leid und aller Tragik. Danke für meine Homosexualität auch mit all ihrer Entfremdung und allem Leiden, und doch auch mit all der potentiellen Kraft zu spirituellem Wachsen, Reichtum und Segen. Amen.

KAPITEL 10

Versöhnung und Gegenwart Gottes

Denn dafür habe ich dein Angesicht gesehen, wie man das Angesicht Gottes sieht, und du bist mir wohlwollend begegnet.

Genesis 33,10

Jede Person in jeder Altersstufe muß ihre eigene Erfahrung mit Jesus machen und die Konsequenzen dieser Erfahrung herausfinden, innerhalb der Umstände der Zeit, in der sie lebt.[1] Eine Reihe unterschiedlicher geschichtlicher Situationen haben die verschiedenen Formen ausgeprägt, die diese Erfahrung in der Vergangenheit gehabt hatte. Dies trifft auch bereits für das Neue Testament zu. Wir finden dort viele unterschiedliche Theologien, die sich alle auf der Wirklichkeit Jesu gründen. Jede Theologie wiederum antwortet auf Bedürfnisse der Gemeinschaft, in der sie formuliert worden war. Alle jedoch hatten als gemeinsames Thema den aktiven Kampf für menschliche Befreiung. – Ich hoffe, eine Theologie formulieren zu können mit einer spezifischen Antwort auf die Bedürfnisse der Homosexuellenbewegung als einer Bewegung, die in einem Kampf für Befreiung involviert ist.

Der Theologe Edward Schillebeeckx liefert eine brillante prophetische Analyse der geschichtlichen Umstände, in denen *wir* die Fäden des apostolischen Glaubens wiederaufnehmen und unser eigenes spezielles Bekenntnis zu Jesus als dem Herrn ablegen müssen.[2] Er untersucht in diesem Zusammenhang die berühmte Passage aus der Genesis zur Versöhnung Jakobs und Esaus sowie Jakobs einsamem und die ganze Nacht dauernden Ringkampf mit dem Boten Gottes.

Um diesen Abschnitt zu verstehen, müssen wir ihn in seinem Kontext sehen. Jakob diente seinem Onkel Laban für viele Jahre. Dann kehrte er in seine Heimat zurück. Dort wollte er seinen Bruder Esau treffen, den er zu Unrecht um sein Erstgeborenenrecht gebracht hatte. Die schwere Sünde Jakobs saß tief. Er sündigte nicht nur an Esau, seinem

Bruder, sondern auch an Gott. Das Treffen rückte näher, Jakobs Angst wuchs, und er hörte Esau mit 400 bewaffneten Männern kommen. An diesem Punkt der Erzählung werden wir in zwei Geschichten verwickelt. Die erste hat zu tun mit Jakobs innerem Kampf, mit seinen Ängsten, und die zweite mit seinem Treffen mit Esau.

Zuerst wird uns gesagt, wie tiefgreifend Jakobs religiöse und psychologische Willensentscheidung war, sich mit Esau zu versöhnen. Nach einer Nacht des Ringens mit seinen Ängsten, gelingt es Jakob, in Einklang mit Gott und sich selber zu kommen. Das Ergebnis ist: Sein Name, Jakob, d.h. »Fersenschleicher«, »Speichellecker« oder »selbstsüchtiger Schmeichler«, wird verwandelt in »Israel«. Der neue Name bezeichnet ihn als einen, der es geschafft hat, durch einen mühsamen inneren Kampf Harmonie mit sich selbst und mit Gott herzustellen. Die Geschichte wirkt sich sogar wahrhaft psychosomatisch aus: Jakob hat nun eine ausgerenkte Hüfte, die ihm leicht eine Entschuldigung hätte bieten können, das Treffen zu umgehen – äußeres Zeichen seiner Ambivalenz in der Frage der Versöhnung. Jedoch bei Tagesanbruch findet Jakob, nun Israel, die Kraft, über den Fluß gehend und hinkend seinen Bruder zu treffen.

Bangend teilte Jakob seine Herden und Sklaven auf und schickte sie voraus. Unter Angst und Zittern hinkte er in das Lager Esaus und seiner 400 bewaffneten Männer. Zuvor hatte er zahlreiche Geschenke gesandt, um seine freundliche Gesinnung deutlichzumachen. Aber als sie sich schließlich Angesicht zu Angesicht gegenüberstanden, ließ Esau sein Kriegsbeil fallen und »lief ihm entgegen, umarmte ihn; und fiel ihm um den Hals; er küßte ihn; und sie weinten« (Genesis 33,4).

Schillebeeckx sieht die Perle der ganzen Geschichte in Vers 10 des Kapitels 33, wo Jakob zu Esau sagt: »Denn dafür habe ich dein Angesicht gesehen, wie man das Angesicht Gottes sieht, und du bist mir wohlwollend begegnet.« Dieser Vers verknüpft die beiden Geschichten zu einer Einheit. Durch Vergebung und gegenseitige Akzeptanz von Jakob und Esau scheint Gottes Antlitz hindurch wie eine leuchtend aufgehende Sonne nach einer langen und unruhigen Nacht. So scheint auch Gottes Antlitz allen sich versöhnenden Menschen.

Versöhnte haben ein Recht zu leben; Versöhnung macht unser Leben lebenswert, trotz all des erfahrenen Leidens und der Ungerechtigkeit. Gott ist uns in direkter Weise gegenwärtig, in weltlichen Angelegenheiten und geschichtlichen Ereignissen, selbst wenn wir uns seiner Gegenwart nicht bewußt sind. Wir werden in der Tat überrascht sein, wenn Gott zu uns sagen wird: »Ich war hungrig und ihr habt mir zu Essen gegeben!« Gott nimmt direkten Kontakt zu uns auf, wir aber erreichen Gott nur mittelbar.

Diese Geschichte illustriert, daß die Bemühungen, Entfremdung und Leiden zu überwinden, die Grundlage jeden religiösen Kampfes bilden. Heil und Erlösung durch Gott sind verbunden mit der ganzheitlichen Integrität menschlichen Lebens. Von daher geht es bei Heil um alles, was menschliches Leben gänzlich menschlich macht. Die Verweigerung menschlicher Selbstverwirklichung bedeutet eine Ablehnung der vollendenden Macht Gottes. Daher kann Heil nicht ausschließlich in einer einzigen Dimension gesucht werden. Es kann nicht einzig und allein in moralischen Grundsätzen oder in persönlichen mystischen Erfahrungen gesucht werden; noch kann es gefunden werden in exklusivem Engagement für politische oder soziale Reformen. Alles zusammen macht die wesentlichen Dimensionen der Heils aus.

Bei Jesus war die Universalität der rettenden Nähe Gottes gegenwärtig, – durch ein Leben der Rücksichtnahme gegenüber all seinen Mitmenschen und durch selbstloses Eintreten für eine leidende Menschheit. Für Jesus stand alles menschliche Leid im Gegensatz zu Gottes Plan. Gott und Leid sind diametral entgegengesetzt, und Gott ist immer dabei, es zu lindern. Das einzig rettende Leiden ist das freiwillig auf sich genommene oder freiwillig akzeptierte Leiden zur Befreiung anderer Menschen. Alles Leid, das wir anderen aufladen, ist ein Greuel. Jesus interessierte sich nicht dafür, ob das Leid nun eine Folge von Sünde oder unbeabsichtigt war. Weder Frömmigkeit noch deren Abwesenheit setzten seiner Rücksichtnahme irgendwelche Grenzen. Jesus sah die Leiden anderer als seine Aufgabe, und er tat alles, um Erleichterung zu bringen.

Dies gibt uns eine Norm zu beurteilen, ob Aspekte »christlichen« Handelns übereinstimmen mit dem Geist Christi. Wann immer vermeintlich christliches Handeln den Anforderungen persönlicher und kollektiver menschlicher Befreiung entgegenläuft, muß es im Namen christlichen Glaubens abgelehnt werden. Nachfolger Jesu sind dazu verpflichtet, aktiv Gerechtigkeit und Frieden in unserer Gesellschaft mitzugestalten.

Zu ihren besten Zeiten war die Schwulen- und Lesbenbewegung eine offene und demokratische Gemeinschaft. Homosexuelle haben oft erfolgreich Unterschiede versöhnen und Mauern einreißen können, die uns voneinander trennen wollten: Mauern, die gegründet waren auf Sex, Rasse, Klasse, Nationalität oder sogar ökonomischen Status. Für mich waren jene schwulen und lesbischen Selbstvergewisserungen am erfolgreichsten, die den unbewußten Vorurteilen und Ängsten ins Auge sahen und damit umgingen: Vorurteile und Ängste, die uns voneinander trennten – Lesben von Schwulen, Weiße von Schwarzen, sexuell Befreite von jenen, die es nicht waren.

Spiritualität muß sich daher im menschlichen Leben zentrieren und in menschlicher Emanzipation und zunehmender Freiheit manifestieren. Christliche Freiheit und Erlösung muß notwendigerweise gerichtet auf politische und soziale Befreiung sein. Wenn wir unserem Ruf gerecht werden wollen, müssen wir teilnehmen an den großen Befreiungbewegungen unserer Zeit: an der ökonomischen Befreiung der Armen, insbesondere in der Dritten Welt; an der Befreiung der Frauen hin zur Gleichheit mit den Männern und an der Befreiung der Schwulen und Lesben. Alles Unversöhnte außerhalb unserer selbst steht für eine Dimension unseres Selbst, mit der wir nicht in Harmonie stehen.

Da uns das Evangelium zur Solidarität mit dem historischen Prozeß menschlicher Befreiung auffordert, liegt es an uns, jene politischen Bewegungen zu unterstützen, die Diskriminierung, Unterdrückung und persönliche und institutionelle Ausbeutung aus der Welt zu schaffen versuchen.[3]

Wir können viel zur Gesundung der Menschheit beitragen, wir sind aber noch immer fortwährend konfrontiert mit menschlichem Leid: Leid, das der Liebe entspringt; Leid als Ergebnis von Schuld; Leid, das unserer Endlichkeit und Sterblichkeit zugrunde liegt; Leid durch Fehlerhaftigkeit und Unangemessenheit und schließlich auch das

Leid, das wir erfahren durch die Unsichtbarkeit und Verborgenheit Gottes. Keine ausschließlich menschliche Heilmethode wird jemals diese Leiden gänzlich aufheben oder verringern können. Finden wir jedoch ein anderes menschliches Wesen, das seinen Frieden und seine Freude aus freien Stücken aufgibt, um mit uns zusammen in unsere private Hölle von Ohnmacht, Schmerz, Hoffnungslosigkeit und Trauer hinabzusteigen, dann sind wir nicht allein, und es gibt Grund zur Hoffnung.

Freundinnen und Freunde Jesu sind daher bereit, Bedingungen menschlichen Leidens zu bekämpfen; sie sind aufgerufen, zu einem Heilungsprozeß beizutragen. Wir können das Leiden unserer Zeit in unseren Herzen erkennen, insbesondere das Leiden unserer lesbischen Schwestern und schwulen Brüder. Diese Erkenntnis wird zum Beginn unseres Engagements. Dies wird nicht authentisch sein, außer es kommt von einem Herzen, das selbst verwundet ist durch die Leiden, die es versucht zu heilen. Unser Engagement erfordert ein gründliches Verständnis, wie wir mit Gott ringen und mutig unsere Ängste überwinden können, um uns selbst als verwundete Heiler bereitzuhalten.

Die AIDS-Epidemie fordert die Schwulenbewegung dazu heraus, untereinander alle politischen Unterschiede zu versöhnen, Ängste und Selbstbezogenheit zu überwinden, um dem Ziel näherzukommen, die Bedürfnisse von Notleidenden zu lindern. Es gibt nichts Größeres, als mitarbeiten zu können am wenigstens teilweisen Erfolg menschlicher Geschichte und einen Beitrag zu leisten zur Aufhebung menschlichen Leidens, wo immer es in unserer Macht steht.

Gott, unsere Mutter und unser Vater, laß uns zu Werkzeugen der Versöhnung werden. Hilf uns im Kampf mit unseren Ängsten, damit wir sie überwinden und den Mut haben, Versöhnung zu suchen, wann immer und wo auch immer sie möglich ist.
Amen.

VIERTER TEIL

HOMOSEXUELLE TUGENDEN

Gastfreundschaft und der Mythos von Sodom

Die Gegner von Rechten für Schwule und Lesben zitieren oft Genesis 19, die Geschichte von Sodom und Gomorra, um ihre Position zu stärken. Die Auslegungsgeschichte dieser Passage zeigt, wie Vorurteile und Homophobie die Botschaft der Schrift verstümmelt haben. Das ganze Alte und Neue Testament hindurch ist die Sünde von Sodom nie als Homosexualität begriffen worden, sondern eher als Selbstbezogenheit, Stolz, Vernachlässigung der Armen und Verweigerung von Gastfreundschaft Fremden gegenüber.

In meinem Buch *The Church and the Homosexual*[1] habe ich den historischen Prozeß aufgezeigt, durch den die biblische Verurteilung von Ungastlichkeit auf die Verurteilung der Homosexualität übertragen wurde. Hierin liegt eine der höchsten Ironien der Geschichte: Für Tausende von Jahren waren Homosexuelle im christlichen Westen Opfer ungastlicher Behandlung, des wahren Vergehens Sodoms, im Namen eines mißbräuchlichen Verständnisses des sodomitischen Vergehens. Dieses Miß-Verständnis konzentrierte sich traditionell auf ein Unterthema der Sodomgeschichte; nämlich auf die Praxis alter nahöstlicher Religionen von depersonalisierter Sexualität, die die Fruchtbarkeit der Erde und Gottes Segnungen sicherstellen sollte. Dieser Aspekt der Sodomgeschichte verwischte sich mit dem zentralen und positiven Thema der Episode: daß Gott diejenigen segnet, die Fremden Gastfreundschaft gewähren.

Ungastlichkeit und Verletzung der Rechte von Gästen, die wahren Vergehen Sodoms und Gomorras, werden jeden Tag ungestraft von Individuen und Nationen begangen. Die wahren Sodomiten sind jene, die »in Stolz und Völlerei und gedankenloser Behaglichkeit leben und die Armen vernachlässigen«, die ungastlich sind gegenüber Flüchtlingen und jene verfolgen, die ihnen wie Lot und Abraham Zuflucht bieten. Ich will nun von den homosexuellen Tugenden Gastfreundschaft und Mitgefühl sprechen. Die Schwulen- und Lesbenbewegung war trotz der ihr zugefügten Ungerechtigkeiten und

Verfolgungen immer besonders mit Gastfreundschaft und Mitgefühl gesegnet. In Gottes Augen sind dies die Tugenden und Merkmale Jesu; sie sollten zu den Grundtugenden der Freundinnen und Freunde Jesu werden.

Zu jeder Zeit, immer wenn eine Epidemie auftrat, bildeten sich spezielle religiöse Gemeinschaften von Männern und Frauen, die sich um die Opfer kümmerten. Aloysius Gonzaga starb beispielsweise im Alter von dreiundzwanzig Jahren, als er die Opfer einer Epidemie versorgte. In unseren Tagen arbeiten Tausende von schwulen und lesbischen Freiwilligen unter Personen mit AIDS. Die Schwulen- und Lesbenbewegung lebt beispielhaft zentrale Tugenden christlichen Lebens vor.

In der christlichen Tradition wurden diese Gaben nicht nur Individuen verliehen, sondern auch ganzen Bewegungen; sie sind stark verknüpft mit den Leiden dieser Gruppe. Gustavo Gutiérrez[2] spricht von den besonderen Gaben, die dem Leiden an der Armut entspringen. Ich argumentiere ähnlich, daß Gastfreundschaft und Rücksichtnahme oft bemerkenswert als spezielle Gaben gegenwärtig sind und daß diese Gaben dem Leid der Lesben- und Schwulenbewegung entspringen. Ich behaupte nicht, daß jeder Schwule oder jede Lesbe diese spirituellen Gaben besitzen. Im Gegenteil: Viele Schwule und Lesben reagieren mit Selbstmitleid und Zynismus auf ihren Exilstatus und werden extrem selbstsüchtig. Ich behaupte auch nicht, Lesben oder Schwule seien besser als andere. Jeder, der ein reifes spirituelles Leben aufbaut, wird Anteil an den Tugenden Gastfreundschaft und Mitleid haben. Gott sei gedankt für all die heterosexuellen Ärzte, Schwestern, Sozialarbeiter, Pastoren, Priester, Nonnen und all die Laien, die liebevoll und mit-leidend Personen mit AIDS dienen. Allzuoft jedoch gehen besondere Gaben von Schwulen unter, weil sie sich größtenteils im öffentlichen Leben völlig bedeckt halten.

Wenn ich von homosexuellen Tugenden spreche, dann möchte ich die schwule und lesbische Gemeinschaft als Teil einer größeren »Tugend-Gemeinschaft« bezeichnen, die jedermann einschließt, der versucht, die Tugenden der Gastfreundschaft und des rücksichtsvollen Mitleidens zu praktizieren.

KAPITEL 11

Gastfreundschaft

*So kam er auch nach Nazareth, wo er aufgewachsen war, und ging,
wie gewohnt, am Sabbat in die Synagoge. Als er aufstand, um die
Schrift vorzulesen, reichte man ihm das Buch des Propheten Jesaja.
Er schlug das Buch auf und fand die Stelle, wo es heißt:
Der Geist des Herrn ruht auf mir; denn der Herr hat mich gesalbt.
Er hat mich gesandt, damit ich den Armen eine gute Nachricht bringe;
damit ich den Gefangenen die Entlassung verkünde und den Blinden
das Augenlicht;
damit ich die Zerschlagenen in Freiheit setze und ein Gnadenjahr
des Herrn ausrufe.
Dann schloß er das Buch, gab es dem Synagogendiener und setzte
sich. Die Augen aller in der Synagoge waren auf ihn gerichtet. Da
begann er, ihnen darzulegen: heute hat sich das Schriftwort, das ihr
eben gehört habt, erfüllt.*

Lukas 4,16-21

Ich möchte die Bedeutung der biblischen Tugend der Gastfreundschaft
für unser Leben als schwule und lesbische Christen und Christinnen
untersuchen und sie in den Kontext homosexuellen Stolzes einbinden.
Gastfreundschaft ist eine zentrale Tugend, sowohl im Alten als auch
im Neuen Testament. Eines der zentralen Gebote Gottes, das Moses
auf dem Berg Sinai gegeben wurde, ist: »Einen Fremden sollst du
nicht ausnützen oder ausbeuten, denn ihr selbst seid in Ägypten
Fremde gewesen« (Exodus 22,20). Auch in Genesis 18 wird als das
herausragende Merkmal Abrahams als eines guten und heiligen
Menschen in dramatischer Weise seine Gastfreundschaft gegenüber
Fremden angeführt. Er sitzt vor seinem Zelt und sieht Fremde
vorbeiziehen in der Wüste. Er läuft hinaus und bittet sie in sein Zelt,
gibt ihnen Wasser, wäscht ihre Füße und bereitet ein Mahl. Diese
Art Gastfreundschaft in der Wüste ist eine Frage von Leben oder
Tod.

In ähnlicher Weise wurde auch Lot als ein guter Mann angesehen, der Gottes Gefallen fand, im Gegensatz zu den anderen Einwohnern Sodoms. Als die Engeln gleichenden Fremden nach Sodom kommen, bestätigt sich dieser Charakterzug durch seine Gastfreundschaft diesen Fremden gegenüber. Er besteht auf der Einladung in sein Haus, wo er sie mit Nahrung und Unterkunft versorgen will. Die Hauptbotschaft der Geschichte von Sodom ist, daß Gott diejenigen segnet, die zu Fremden liebenswürdig und gastfreundlich sind. Die Geschichte spricht nicht davon, daß homosexuelle Handlungen sündig seien. Der Prophet Hesekiel hebt die wahre Sünde Sodoms hervor: »Die Schuld deiner Schwester Sodom war, daß sie und ihre Töchter hochmütig waren, daß sie in Überfluß zu essen hatten und in sorgloser Ruhe dahinlebten, ohne den Elenden und Armen zu helfen … « (Hesekiel 16,49).

Die biblische Botschaft weist darauf hin, daß die Gabe der Sexualität dem Menschen entsprechend verwendet werden soll. Sie soll nicht als Teil göttlicher Anbetung gebraucht werden, insbesondere wenn Mißbrauch und Vergewaltigung von Fremden involviert oder der persönliche und liebevolle Kontext von Sexualität negiert ist.

Gastfreundschaft ist ein zentrales Thema auch des Neuen Testaments. Jesus sagt zu seinen Jüngern: »Wenn man euch aber in einem Haus oder in einer Stadt nicht aufnimmt und eure Worte nicht hören will, dann geht weg und schüttelt den Staub von euren Füßen. Amen, das sage ich euch: Dem Gebiet von Sodom und Gomorra wird es am Tag des Gerichts nicht so schlimm ergehen wie dieser Stadt« (Matthäus 10,14-15). Dieser Text verdeutlicht, daß Jesus das Vergehen Sodoms als Ungastlichkeit Fremden gegenüber verstanden hatte.

Gastfreundschaft wurde in der christlichen Tradition fortgesetzt. Das ist beispielsweise am Leitmotiv der Benediktiner zu sehen: Wenn ein Gast kommt, kommt Christus. Auch in dem alten Mythos von Christopherus ist dieses Thema präsent. Der von Christopherus über den Fluß getragene Fremde verwandelte sich in das Christuskind. Im alten Irland ließ jedes Haus seine Türe offen; es stand immer Essen und Trinken beim Herd und eine Kerze im Fenster für den Fall, daß ein Fremder vorbeikäme und Gastfreundschaft brauchte. All dies war eine christliche Antwort auf die Worte Jesu: »Amen, ich sage euch: Was ihr für einen meiner geringsten Brüder getan habt, das habt ihr mir getan« (Matthäus 25,40).

Was ist Gastfreundschaft?

Gastfreundschaft besteht nicht aus Parties oder Einladungen nach Hause (obwohl sie sicherlich all das einschließt, und Schwule z.B. wissen tatsächlich, wie man eine wunderbare Party feiert). Gastfreundschaft ist ein Bewußtseins- und Seelenzustand. Henri Nouwen definiert Gastfreundschaft als »diejenige Tugend, die uns die Enge unserer Ängste durchbrechen läßt, und wir unser Heim dem Fremden öffnen können unter der Einsicht, daß uns Erlösung widerfährt in der Gestalt eines erschöpften Wanderers.«[1] Gastfreundschaft bedeutet, daß sich der Gastgeber in seinem Haus heimisch fühlt und einen einladenden und angstfreien Raum für den Besucher schaffen kann. Nouwen unterstreicht, daß die erste Vorraussetzung für wahre Gastfreundschaft die Aufmerksamkeit des Gastgebers für seinen Gast sei. Das kann schwierig werden, wenn wir mit unseren eigenen Angelegenheiten, Problemen und Ängsten beschäftigt sind. Diese Sorgen hindern uns daran, uns von uns selber zu distanzieren, um für den anderen da zu sein. Anstatt den anderen er selbst sein zu lassen, versuchen wir ihn dahingehend zu manipulieren, unsere Bedürfnisse hinsichtlich sexueller Erfüllung, Sympathie, Freundschaft, Popularität, Erfolg, Verständnis oder Geld zu befriedigen.
Die gute Nachricht ist, daß Gott uns liebt. Gott möchte all unsere Bedürfnisse befriedigen. Das Bewußtwerden dieser Liebe befreit uns in einem Geist der Dankbarkeit zu bedingungsloser gegenseitiger Liebe. Als Menschen des Gebetes werden wir den Fremden als Christus erkennen. Wenn wir bitten, Christus in jedem Menschen zu erkennen, werden wir uns am Ende der Tage Christus als einem alten Freund gegenüber sehen.
Positiver homosexueller Stolz ist Stolz auf unser Verständnis von Gastfreundschaft und Mitgefühl. Da die meisten Schwulen und Les-

ben keine eigenen Kinder haben, neigen sie dazu, einen großen Teil selbstloser Liebe in die menschliche Gemeinschaft umzuleiten. Dieser Vorrat ist so groß, daß die Welt dessen Verlust nicht verschmerzen würde. Trotz ihrer persönlichen Leiden ist die liebevolle Präsenz von Lesben und Schwulen Öl, das die ganze menschliche Maschinerie mit am Laufen hält. Würden die Schwulen auf irgendeine Weise von der Szene verschwinden, stünde die menschliche Gemeinschaft in Gefahr, noch unmenschlicher zu werden.

Wir als schwule und lesbische Christen und Christinnen müssen uns klar darüber sein, daß Würde eine Gabe Gottes ist, der uns zu seinem Ebenbild geschaffen hat. Sie ist nicht eine Gabe, die wir uns selbst schenken können; mit Gottes Hilfe werden wir sie uns gegenseitig geben können.

Gott, vertiefe unser Bewußtsein von Deiner Liebe zu uns, Deinen lesbischen Töchtern und schwulen Söhnen, damit wir uns, befreit von Zynismus und Egoismus, um die Mitmenschen kümmern können, die leiden und in Not sind.
Amen.

KAPITEL 12

Mitleid und Rücksicht

Vater, ich will, daß alle, die du mir gegeben hast, dort bei mir sind, wo ich bin. Sie sollen meine Herrlichkeit sehen, die du mir gegeben hast, weil du mich schon geliebt hast vor der Erschaffung der Welt.

Johannes 17,24

Wenn es eine Qualität gibt, die die spirituelle Bedeutung des Lebens Christi zusammenfaßt, dann ist es die des Mitleids, der Rücksichtnahme. Paulus brachte dies zum Ausdruck:»Seid untereinander so gesinnt, wie es dem Leben in Christus entspricht:

Er war Gott gleich, hielt aber nicht daran fest, wie Gott zu sein, sondern entäußerte sich und wurde wie ein Sklave und den Menschen gleich. Sein Leben war das eines Menschen; er erniedrigte sich und war gehorsam bis zum Tod, bis zum Tod am Kreuz.

Darum hat ihn Gott über alle erhöht und ihm den Namen verliehen, der größer ist als alle Namen, damit ... jeder Mund bekennt: ›Jesus Christus ist der Herr‹ – zur Ehre Gottes, des Vaters« (Philipperbrief 2,5-11).

Dieser Hymnus feiert die Rücksichtnahme Gottes auf uns Menschen, ausgedrückt im Leben und Sterben Jesu. Aufgrund *seiner* Rücksicht, *seines* Mitleids ist Jesus der größte Mensch, der jemals gelebt hat. Die buchstäbliche Bedeutung des Wortes Rücksicht ist,»mitzuleiden mit«. Rücksichtnahme oder Empathie bedeutet freies und freiwilliges Eingehen auf die Leiden anderer, um sie zu befreien von ihrem Leid. Jesus erreichte seine Verherrlichung, indem er sich selbst losließ. Durch freiwillige empathische Identifizierung mit Entfremdung, Einsamkeit, Leiden und Tod seinen Mitmenschen gegenüber konnte er den Prozeß ihrer Heilung und Befreiung beginnen.

Die spirituelle Tugend des Mitleids und der Rücksichtnahme ist auf einer besonderen Qualität der menschlichen Natur gegründet. Psychotherapeuten erkennen, daß dieses »den Menschen angeborene machtvolle Streben nach dem Mitmenschen von den ersten Augenblicken des Lebens ein wesentliches psychotherapeutisches Streben und einen Kampf um heilende Einflüsse ausdrückt«[1]. Diese Therapeuten glauben auch, daß einer der Hauptgründe von Gemütskrankheit in der Frustration dieses Heilungsversuches liegt: Der Geisteskranke ist einer, »dessen Ich-Integrität ein Leben lang in selbstloser Hingabe geopfert wird, mit dem Ziel, die Ich-Schwäche der Erzieher-Person auszugleichen«[2].

Christen in Heilberufen müssen innerlich mit Versuchung, Hoffnungslosigkeit und der dunklen Nacht der Seele ringen. Sie müssen sich ihres Ärgers über Eltern, Kirche und Gott bewußtwerden. Auch müssen sie mit ihrer unbewußten Angst und ihrer Schuld, insbesondere ihrer Todesangst und der Angst vor Gott umgehen lernen. Sonst kollidieren sie mit der Person, der sie zu helfen versuchen.

Durch wache Kenntnis ihres Inneren und seiner spirituellen Reifungsprozesse sind sie rücksichtsvolle, ihre therapeutische Rolle in Anteilnahme aktivierende Partner. Wer anderen helfen will – das gilt generell – muß riskieren, selbst verwundet zu werden. »Verwundete Helfer«, die am eigenen Leib Verzweiflung erfahren haben, können anderen aus den geistigen Wüsteneien der Hoffnungslosigkeit Wege weisen.

Ein mitleidsvoller Mensch kann nur dann einen Verzweifelten unterstützen, wenn er oder sie die eigene Bequemlichkeit von Hoffnung und Glauben aufgibt und in einer empathischen Weise die Hoffnungslosigkeit auf sich nimmt. Wenn jemand gewillt ist, mit mir in meine private Hölle hinabzusteigen und es dort mit mir auszuhalten, dann gibt es Grund zur Hoffnung. In seinem Schmerz im Garten Gethsemane rief Jesus: »Meine Seele ist zu Tode betrübt. Bleibt hier und wacht mit mir« (Matthäus 26,38). Dieser Ruf nach menschlicher Freundschaft schallt noch immer in unseren Ohren. In genau diesem Moment von höchster Ohnmacht zeigt sich Gottes Macht.

Auch hier gilt es wiederum, pathologische und gesunde Formen von Mitleid und Rücksichtnahme und Empathie zu unterscheiden. Die pathologischen Formen führen zu dem, was wir »Verausgabung« nennen. Pathologischs Mitleid gründet sich auf einer masochistischen Form von Symbiose, d.h einem Verlust oder Mangel, Ich-Identität und Ich-Grenzen aufzubauen. Dies führt zu einer Art Verschmelzung mit dem anderen. Gesundes Mitleid gründet sich auf einer klaren Identität des Selbst und auf der Fähigkeit, Ich-Grenzen wahren zu können.

Obwohl rücksichtsvolle Menschen das Privileg ihres Glaubens und ihrer Hoffnung aufgeben können, um Gefühle wie Hoffnungslosigkeit und Verzweiflung anderer zu teilen, so geben sie doch nicht ihren Glauben und ihre Hoffnung als solche auf. Sich dieser Unterscheidung deutlich bewußt zu sein und sie zu praktizieren, ist ebenso wichtig, um Verausgabung zu vermeiden. Diese Warnung gilt besonders für Leute, die mit Personen mit AIDS arbeiten.

Alice Miller unterstreicht[3], daß viele der »Heilberufler« wie z.B. Pastoren oder Seelsorger besonders mit Empathie begabt sind, weil sie narzistische Mütter hatten. Sie entwickeln von frühester Kindheit an besondere Antennen, die ihnen erlauben, auf die Bedürfnisse der Mutter zu reagieren, indem sie gleichzeitig ihre eigenen Bedürfnisse verleugnen und unterdrücken. Diese Menschen ermangeln eines gesunden Narzißmus. Unbewußte Wut gegenüber der Unterdrückung und Verleugnung ihrer eigenen Bedürfnisse begleitet ihre empathischen Reaktionen. Diese Menschen, so Miller, könnten ausgezeichnete Therapeuten oder Seelsorger sein, wenn sie nur lernten, ihre eigenen Bedürfnisse auf gesunde Weise anzugehen und nicht unbewußte Frustration und Wut in ihre Arbeit einbrächten. Wiederum sind es Frustration und Wut, die oft einem burn-out zugrunde liegen.

Rücksichtnahme, Mitleid und Gastfreundschaft sind Haltungen, die in außerordentlicher Weise unter Homosexuellen – nicht zuletzt durch die AIDS-Krise – zum Tragen kommen. Mit ihr kamen spezifische Formen schwuler Liebe und Solidarität aus der Verborgenheit ans Licht.

Gott, weil Du uns liebend umsorgst, ist unser Leben voller Freude und Hoffnung. Hilf uns, ebenso fürsorglich miteinander umzugehen. Amen.

FÜNFTER TEIL

DAS LEBEN BEJAHEN

EINFÜHRUNG

Freisein und Spielen

Ich bin gekommen, damit sie das Leben haben und es in Fülle haben.
Johannes 10,10

Lesben und Schwule sind besonders begabt, das Leben kreativ und festlich zu gestalten. Ein hoher Anteil des allgemein-menschlichen schöpferischen Genius kommt traditionell aus der Schwulen- und Lesbenbewegung. Unsere Steins, Sapphos, Adrienne Riches, da Vincis, Michelangelos und Shakespeares sind wohl schwul oder lesbisch gewesen. Im Kern aller wahren Kreativität steckt Freisein zum Spielen. Im folgenden geht es um die Voraussetzungen, die ein als Spiel gelebtes Leben ermöglichen.

Sexualität ist das wichtigste Feld für menschliches Spielverhalten – von Gott geschaffen. Wie auf jedem anderen Gebiet menschlichen Lebens ist die Arbeitsethik allbestimmend geworden, und auch Sex scheint nur zu einer anderen Form von Arbeit geworden zu sein. Kapitel 14 ist überschrieben »Dies ist mein Leib« und hebt das Zusammenspiel zwischen der spirituellen Bedeutung unserer Körper und deren erotischer Dimension hervor. Auch zeigt es die fundamentale Rolle, die der Körper in unserem spirituellen Leben spielt. Kapitel 15 handelt von Sexualität als Spiel und spricht von Gottes Intentionen für unsere Sexualität, von der Möglichkeit, der Sexualität wieder einen spielerischen Charakter zu verleihen und von der wichtigen Rolle, die die Homosexuellenbewegung in diesem Prozeß eingenommen hat.

Wir sprachen bereits über die besondere Rolle der Mutterliebe, die das Kind zu einer spielerischen Freiheit befähigen soll. In Kapitel 16 wird es um die spezielle Rolle gehen, die Maria als Mutter Gottes in meinem Leben gespielt hat, indem sie mir Gottes mütterliche Liebe für mich deutlich machte und mich dazu befreite, Leben in Spiel zu verwandeln.

KAPITEL 13

Arbeit – Spiel – Gemeinschaft

In den Evangelien ist Befreiung immer ein Zeichen der Gegenwart des Heiligen Geistes, des Geistes der Liebe und des Geistes Christi. Wo immer und wann immer wahre menschliche Befreiung geschieht, können wir der Gegenwart und Aktivität des Geistes gewiß sein. Ich möchte über einen Typus menschlicher Befreiung nachdenken: die Befreiung von der »Arbeitsethik«, damit ein Geist des Spiels deren Platz einnehmen kann.

Die Arbeitsethik

Eine der ureigensten Kennzeichen der westlichen Kultur ist die Arbeitsethik. Das dieser Ethik anhaftende Urteil ist, daß unser Wert als menschliche Wesen in der Arbeit, die wir tun, liegt. Wir müssen unseren Wert durch Arbeit verdienen. Arbeit wurde in der Vergangenheit oft sehr eng als das Produzieren von Waren begriffen. Das logische Ergebnis dieser Art zu denken führt zu der Annahme, unser moralischer Wert hinge davon ab, uns unseren Pflichten um ihrer selbst willen in Form von schwerer und entmenschlichender Arbeit zu verschreiben. Kant beispielsweise war überzeugt, daß die schlimmste Ablenkung von moralischen Pflichten in der Suche nach Lust und Glück besteht.

Die Arbeitsethik ist so sehr Teil unserer Kultur und unserer selbst, daß wir reale Schwierigkeiten mit der Freizeit haben. Man fühlt sich z.b. schuldig, wenn er oder sie arbeitslos oder beurlaubt ist. Vielleicht für einen Tag oder auch zwei betrachten wir diese Freizeit als wertvoll, weil sie uns vorbereitet, mit neuer Energie und Enthusiasmus zur Arbeit zurückzukehren. Aber irgendwelche Freizeit, die über das strikt Notwendige hinausgeht, produziert tief verwurzelte Gefühle von Wertlosigkeit, Schuld und Selbstablehnung. Ein dramatisches Beispiel finden wir in der weitverbreiteten Erfahrung pensionierter

Arbeiter, die buchstäblich ihren Willen zu leben verlieren, wenn die geregelte Anstellung endet.

Obwohl die Arbeitsethik in Europa entstand, erreichte sie ihre volle Entfaltung in der amerikanischen Kultur. Dort verschmolz sie mit dem Pioniergeist, mit amerikanischem Pragmatismus und Puritanismus. Gewiß diente diese Ethik einem Ziel, solange die Durchschnittslebenszeit etwa fünfunddreißig Jahre betrug und wir unter gemeinsamer Anstrengung damit beschäftigt waren, eine große industrielle Nation aufzubauen. Heute jedoch verfällt die Arbeitsethik ihren eigenen Widersprüchen. Ich glaube, daß all diese Widersprüche, die mehr und mehr manifest werden, verknüpft sind mit der kybernetischen Revolution. Zum ersten Mal in ihrer Geschichte hat die Menschheit die Mittel, einen großen Teil der Arbeit, wie z.B. Herstellung von Nahrungsmitteln, Kleidung und Unterkunft, an Maschinen zu delegieren.

Ein Hauptwiderspruch liegt daher darin, daß unser Seelenleben noch immer in die Arbeitsethik verstrickt ist, obwohl es zu einer drastischen Reduzierung des Arbeitsumfangs und der Arbeitszeit kam und aller Wahrscheinlichkeit nach auch weiterhin kommen wird. Es kommt zu einem signifikanten Anwachsen freier Zeit.

Ein anderer Widerspruch der Arbeitsethik liegt darin, daß sie Wohlstand und Freizeit als Ziele hochhält, um Menschen zu härterem Arbeiten zu motivieren. In Wahrheit führen diese Ziele zu einer Art Verlust persönlicher Werte, und der offensichtliche Lohn besteht eher in einem Fluch als in einem Segen.

Einer der großen Brüche der Arbeitsethik ist, daß sie uns hindert, im Hier und Jetzt zu leben und uns zu Opfern der Tyrannei der Zeit werden läßt. Wenn jemand arbeitet, so ist häufig die Aktivität in sich selbst bedeutungslos und hat nur Sinn in dem, was danach kommt: das verdiente Geld, die Freizeit oder der Erfolg oder das erworbene Ansehen. Die augenblickliche Plackerei wird ausgehalten in der Hoffnung auf künftige Errungenschaften.

Unser ganzes Leben kann in dieser Haltung verfangen sein, und das Ergebnis ist eine zerstörte Qualität des Lebens. Der Universitätsstudent wartet auf sein Diplom; der Abiturient wartet auf die Hochschule; der diplomierte Student wartet auf einen Job; der Arbeiter wartet auf

Urlaub; der Urlauber kann es nicht erwarten, so schnell wie möglich zu seiner Arbeit zurückzukehren; der erfahrene Arbeiter wartet auf seine Pensionierung. Wir können unser ganzes Leben mit Warten auf das, was als nächstes kommen wird, verbringen. Dann kommt der Tod dazwischen, und in gewisser Weise haben wir dann nie wirklich existiert. Wir haben nie Zeit gefunden, etwas um seiner selbst willen zu tun; will sagen: Wir haben nie gespielt.

Den fundamentalen theologischen Mythos der christlichen Kultur über die Arbeit finden wir in der Genesis. Dort werden die ersten Menschen beschrieben, wie sie im Garten Eden, im Paradies, leben. Sie spielten in der Gegenwart Gottes. Dann sündigten sie; der Fluch kam über sie aufgrund der Sünde, die sich in einem Verlust des Wissens um Gottes liebende Gegenwart äußerte. Sie wurden ängstlich. Es wurde ihnen gesagt:»Im Schweiße deines Angesichts sollst du dein Brot essen« (Genesis 3,19). Die Notwendigkeit zu arbeiten, war eine Folge ihrer Sünde.

Von diesem Gesichtspunkt aus kann die Geschichte der Menschheit bis auf den heutigen Tag als eine fortschreitende Bemühung verstanden werden, uns vom Fluch der Arbeit zu befreien; als eine Bemühung, die sich auf Blut, Schweiß und Tränen unserer Vorfahren gründet. Aufgrund der kybernetischen Revolution stehen wir heute an der Schwelle des anbrechenden Tages der Befreiung.

Einige Theologen interpretieren den Mythos vom Garten Eden als ursprünglichen Traum der Menschheit vom Ziel aller menschlichen Evolution und Entwicklung. Was da in eine geschichtlich bedingte Erzählung gezwängt worden ist, verkörpere im Grunde das ideale Ziel allen menschlichen Verlangens. Jedenfalls wurde Arbeit ursprünglich als auf Sünde gegründeter Fluch verstanden. Die Arbeitsethik jedoch verdreht diesen Fluch in einen Segen und versucht, die Menschheit diesem Fluch willfährig zu machen und das in einem Zeitalter, in dem Befreiung möglich geworden ist.

Die Unterordnung von Personen unter Dinge gründet sich auf die ureigenste Struktur unserer Gesellschaft. Wir hören von dem einen oder anderen amerikanischen Industriebetrieb, der seinen Angestellten eine ähnliche Art von Loyalität abverlangt, die man von einem Familienglied erwarten würde. Kann das Individuum jedoch keinen

Beitrag zum Profit mehr leisten, fühlt sich der Betrieb zu keiner gegenseitigen Loyalität mehr verpflichtet. Wie viele Menschen wurden gerade ein Jahr vor ihrer rechtmäßigen Inanspruchnahme einer Rente entlassen? Die einzige Ähnlichkeit mit einer Familie, die wir in dieser Arbeitswelt finden, ist die Eskimofamilie der Vergangenheit: An dem Tag, an dem die Großmutter ihre Zähne nicht mehr gebrauchen und daher keine Häute mehr kauen konnte, wurde sie unter tränenreichem Abschied auf einer Eisscholle ausgesetzt.

Es ist lehrreich, sich an das Buch zu erinnern, das seinerzeit die Bibel der aufstrebenden jungen amerikanischen Geschäftsmänner war: Dale Carnegies *How to Win Friends and Influence People*. Dieses Buch sollte an der Spitze der unmoralischsten Bücher rangieren, die je geschrieben worden sind; denn dessen Botschaft ist, man solle aufrichtiges Interesse an anderen Menschen vortäuschen, nicht um ihretwillen, sondern um sie zu benutzen. Dies ist genau die Bedeutung des Wortes Heuchelei. Man lächelt, sagt die richtigen Worte und gibt vor, die richtigen Interessen zu haben, um das Vertrauen des anderen zu gewinnen –, und um so einen Vertragsabschluß herbeiführen zu können. Das Ziel ist, auf die eine oder andere Weise im Leben voranzukommen. Dieses Buch wurde gänzlich im Geist der Arbeitsethik geschrieben.

Schwule und Lesben sind besonders anfällig, zu Opfern der Arbeitsethik zu werden. Sie wurden von Kindheit an gelehrt, ihr Anderssein sei irgendwie schlecht und mache sie unwert für Liebe und Akzeptanz. Also meinen homosexuelle Menschen häufig, sie müßten besser sein als andere und kompensieren auf diese Weise. Arbeitswut, gegründet auf Angst, ist eine weitverbreitete Krankheit in der Schwulen- und Lesbenbewegung.

Die Bedeutung des Spiels

Was ist also die Alternative zur Arbeitsethik? Das Gegenteil von Arbeit ist nicht in Faulheit oder Untätigsein, sondern eher im Spiel begründet. Spiel sollte verstanden werden als grundlegende menschliche Aktivität, die auf nichts anderes reduzierbar ist. Die meisten Untersuchungen über das Spiel machen den Fehler, es zu einem

Mittel für etwas anderes zu reduzieren, und dieses andere ist im allgemeinen die Arbeit. Dies trifft auch für psychologische Studien zu, die kindliches Spielverhalten als instinktiven Prozeß erklären, durch den Kinder mit der Wirklichkeit umgehen lernen: ein vorbereitendes Verhalten auf Arbeit also, wodurch neue Fertigkeiten erlernt werden sollen. Spiel kann dies gewiß erreichen; wäre dies aber die Intention des Kindes, würde seine Aktivität nicht länger Spiel heißen.

Da Spiel eine solch wichtige Position in unserem Leben einnimmt, tun wir gut daran, die Möglichkeit zum Spiel innerhalb unserer menschlichen Gemeinschaft zu kultivieren. Die erste notwendige Bedingung für Spiel ist, daß die menschliche Aktivität eine Bedeutung in sich selbst haben muß, also nicht verbunden ist mit einem Ziel, das hinter der spielerischen Aktion als solcher liegt. Spiel muß eine absolute Bedeutung haben, hier und jetzt. Ein perfektes Bild dieser Qualität ist der Tanz. Dieser Aspekt des Spiels steht in enger Verbindung zu einer bestimmten Qualität unserer zwischenmenschlichen Beziehungen. Wenn wir nicht ganz im Augenblick leben können, werden wir nie ganz für eine andere Person dasein können. Schiller faßte es in die Worte:»Menschen sind nur ganz Menschen, wenn sie spielen.« Johan Huizinga[1] sieht Spielen als höchsten Ausdruck menschlicher Freiheit. Spielen ist Ausdruck persönlicher Initiative und des Selbst, frei von allen äußeren Hindernissen. Huizinga erbringt den Beweis, daß die gesamte menschliche Zivilisation (Handel, Wissenschaft, Gesetz und alle Kunstgattungen) ihren Ursprung nicht in Arbeit hat, sondern im Spiel. Selbst religiöse Anbetung ist eine Art Spiel. Amerikanische katholische Bischöfe erklärten, der Zweck der Liturgie sei,»uns zu lehren, wie wir unsere Existenz feiernd darstellen können«. Huizinga betont, wenn Spiel das Fundament der gesamten Zivilisation ist, dann würde ein Verlust dieser Art von Spiel eine Bedrohung eben dieses Fundaments bedeuten.

Die Homosexuellenbewegung war schon immer eine Bewegung mit einer außerordentlichen Freiheit zum Spiel. Es ist der Gesellschaft sehr wohl bewußt, daß schöpferische schwule Menschen in den Kunstgattungen (Theater, plastische Kunst, Musik, Ballett, Film und Mode) vertreten sind, und das unproportional bezogen auf ihre Anzahl in der Gesamtbevölkerung. Der unglaubliche Verlust schöpferischer Talente für die gesamte menschliche Gemeinschaft aufgrund der mit AIDS verbundenen Todesfälle so vieler schwuler Männer ist ein schmerzlicher Beweis dieser These.

Diese Freiheit zum Spiel entsteht u.a. meiner Meinung nach aus der Tatsache, daß die Homosexuellenbewegung ihren Exilstatus akzeptiert hat. Oft sind wir dann nicht mehr in einen Konkurrenzkampf verwickelt. Folglich sind Schwule und Lesben viel freier, einen ästhetischen Sinn zu entwickeln und sich in Tätigkeiten um deren selbst willen zu engagieren.

Um weiter erklären zu können, was ich mit Spiel meine, muß ich eine wichtige Unterscheidung treffen. Ein und dieselbe Tätigkeit kann entweder Spiel oder Arbeit sein. Ob jemand arbeitet oder spielt, hängt nicht so sehr davon ab, was jemand tut, sondern von dem Geist und den Bedingungen, unter welchen er es tut. Dies führt uns zu einer weiteren Bedingung, damit eine Tätigkeit die Form von Spiel annehmen kann. Spiel hinterfragt immer den Typus der zwischenmenschlichen Beziehung, in der die Tätigkeit stattfindet.

Ein hauptsächlicher Unterschied zwischen Arbeit und Spiel ist, daß Arbeitsverhalten immer auf Angst basiert. In der Arbeitswelt wird oft versucht, die Produktivität zu steigern, indem man die Angst um den Job oder um eine Gehaltserhöhung steigert. Spiel dagegen kann nur stattfinden durch gefühlte Sicherheit. Psychologen haben beobachtet, daß ernsthaft gestörte Kinder aufhören zu spielen. Der einzige Weg, das gestörte Kind wieder zum Spielen zu bewegen, ist, ihm die gefühlsmäßige Sicherheit, geliebt zu werden, zurückzugeben. Die bedingungslose Liebe der Mutter befreit das Kind zum Spielen. Willkürliche Liebe führt zu dem pathologischen Gefühl, man müsse Liebe durch Arbeit verdienen.

Einige Theologen argumentieren, Erwachsene seien nur frei zu spielen, wenn sie sich bewußt sind, daß Gott sie um ihrer selbst willen liebt, und nicht für das, was sie geleistet haben. Gott hat uns befreit von dem Fluch der Arbeit und uns neu die Freiheit zum Spiel eröffnet. Die letzte und wichtigste Bedingung für Spiel hat mit dem Typus der Gemeinschaft zu tun, in der Tätigkeit stattfindet. Es gibt zwei grundlegende Arten menschlicher Gemeinschaft: die funktionale und die persönliche. In einer funktionalen Gemeinschaft sind die Beziehungen zwischen Personen ohne Bedeutung in sich selbst und nur ein Mittel irgendwie gearteter Produktion. Autorität in einer funktionalen Gemeinschaft existiert, um die Bemühungen der Gruppe auf diese Produktivität hin zu koordinieren.

Eine persönliche Gemeinschaft, wie etwa die Familie, bildet ihr eigenes Ziel in sich. Es sind die liebevollen Beziehungen zwischen den Mitgliedern, die die Existenz der Gemeinschaft rechtfertigen. Produktivität innerhalb der persönlichen Gemeinschaft ist zweitrangig und hat ihren Ursprung heutzutage in Freude und Liebe, die die Mitglieder der Gemeinschaft vereinen. Autorität in einer persönlichen Gemeinschaft hat als erstes zum Ziel, den Dialog zu fördern, persönliche Interaktion stattfinden zu lassen und sich gegenseitig zu bestätigen. Die persönliche Gemeinschaft basiert auf der Tatsache, daß wir einander brauchen. Wir brauchen andere, um uns in unserer Existenz zu bestätigen, um uns das Gefühl zu geben, daß wir etwas bedeuten und daß wir einen Wert haben. Wir brauchen die Gewißheit, geliebt zu werden und Liebe zurückgeben zu können. Nur in dem Maße, in dem wir uns selbst als Mitglieder einer wahren persönlichen Gemeinschaft empfinden, haben wir auch die notwendige Sicherheit und das Vertrauen, um zum Spiel in der Lage zu sein.

Ich möchte diese Überlegungen über das Spiel abschließen mit einer Anekdote aus J.D.Salingers Erzählung *Hebt den Dachbalken hoch, Zimmerleute*. Salinger gibt eine Unterhaltung wieder zwischen dem jungen Helden des Romans und dessen älterem Bruder, der gerade Murmelspiel-Meister von ganz Brooklyn geworden war. Der jüngere Bruder fragt ihn: »Seymour, was ist das Geheimnis deines Erfolgs?« Seymour denkt eine Weile nach und antwortet ihm: »Sei absichtslos!«[2] Ich glaube, daß das gesamte Geheimnis des Lebens in diesen beiden Worten steckt.

Gott, wir Lesben und Schwule sind Deine besonderen Kinder. Gib uns eine tiefe Erfahrung Deiner Liebe, damit wir mit geheilten Wunden in Deiner Gegenwart spielend leben können.
Amen.

KAPITEL 14

Dies ist mein Leib

»Du sollst den Herrn, deinen Gott, lieben mit ganzem Herzen, mit ganzer Seele und mit all deinen Gedanken.« Das ist das wichtigste und erste Gebot. Ebenso wichtig ist das zweite: »Du sollst deinen Nächsten lieben wie dich selbst.« An diesen beiden Geboten hängt das ganze Gesetz samt den Propheten.

Matthäus 22,37-40

»Dies ist mein Leib.« Führen wir uns diese verwirrenden Worte noch einmal vor Augen, die Jesus während des Brotbrechens spricht. Er äußert damit den Wunsch und den Willen, uns bis ans Ende der Zeiten in und durch seinen Körper gegenwärtig zu sein. Durch seinen Körper und sein Blut errichtet er den Neuen Bund. Der Schnittpunkt zwischen Gott und der Menschheit, der Mittler der Kommunikation, durch die wir eins mit Gott und Gott eins mit uns wird, wird für alle Zeiten das Fleisch und Blut Jesu sein.

Oft können wir Christen unseren Körper nicht so annehmen, wie Gott es gern möchte. Unseren eigenen Körper nicht voll annehmen zu können, kann auch bedeuten, daß wir Christi Fleischwerdung und die Tatsache der Auferstehung nicht voll annehmen können. Manchmal werden wir unbewußt zu Opfern alter Häresien, die, wie z.B. der Manichäismus, den Körper mit dessen sexuellen Trieben und Wünschen als böse und als Quelle von Sünde ansehen. Wir selbst sind versucht, uns selbst wesentlich als Seele oder Geist zu betrachten, der in einem Körper wohnt, den wir gebrauchen, mit dem wir uns aber nicht identifizieren. Ergebnis dieser Entfremdung von unserem gottgegebenen Körper ist die Ansicht, daß menschliche Sexualität etwas Böses sei, etwas, das uns von Gott wegführt. Der Tod erscheint daher als willkommene Befreiung vom Gefängnis des Körpers, und wir fangen an, das Jenseits im Sinne einer Unsterblichkeit der Seele, anstatt im Sinne einer Auferstehung des Körpers zu verstehen.

Aber all dies hat nichts mit der Lehre Christi zu tun. Im Gegenteil, es waren Plato und die heidnischen griechischen Philosophen, die eine Unsterblichkeit der Seele lehrten. Natürlich würden sie die christliche Botschaft der Auferstehung des Leibes als puren Wahnsinn erachtet haben. Jesus aber offenbarte Unsterblichkeit als wundersame Auferstehung und Transformation des Körpers.

Einer der Hauptgründe für unsere Verleugnung des Körpers ist die Schwierigkeit, die wir mit dem Sexualtrieb erfahren. Wer sich zu spiritueller Reife entwickelt, wird in gewisser Weise einen Kampf mit seinem Sexualtrieb führen. Mit Gottes Hilfe wird dieser Trieb aufhören, eine selbstsüchtige und zerstörerische Kraft zu sein; stattdessen können wir ihn in unsere Persönlichkeit integrieren und zu einem Mittel kommunizierender Liebe werden lassen.

Ich möchte jetzt die Frage nach der übergreifenden Beziehung zwischen der Liebe zu Gott und zu uns selbst als Individuen, unseren Körper eingeschlossen, stellen. Ebenso möchte ich die Verknüpfung von Angst vor Gott und Angst vor der erotischen Dimension unserer Körper untersuchen.

In der Feststellung, daß es eigentlich nur ein einziges Gebot gibt, nämlich das der Liebe, wollte Jesus die besondere Qualität unserer Beziehung zu Gott im Neuen Bund hervorheben. Wir sollen Gott nicht mehr unter dem Eindruck der Angst anbeten, sondern vielmehr in einer Haltung ähnlich adoptierter Kinder den liebenden Eltern gegenüber und nicht wie Sklaven ihrem Meister. Jesus führt weiter aus, daß der zweite Teil seines Gebotes identisch sei mit dem ersten. Das Gebot, Gott zu lieben, ist also identisch mit dem Gebot, unsere Nächsten wie uns selbst zu lieben. Diese Deckungsgleichheit ist so wichtig, daß Johannes meint: »Wenn jemand sagt: Ich liebe Gott, aber seinen Bruder haßt, ist er ein Lügner« (1. Johannesbrief 4,20). Rita Mae Brown zitierte bei einem *lesbian and gay rights dinner*[1] einen Ausspruch ihrer Mutter: »Gott liebt mich durch meine Freunde.« Für die meisten unter uns bleibt die Liebe Gottes eine abstrakte Idee, ohne Entsprechung in der Wirklichkeit, es sei denn, diese Liebe manifestiert sich in unserem Leben.

Kommen wir zur dritten Dimension des Gebotes Jesu, der Selbstliebe. Jesus sagt uns, wir sollen unseren Nächsten lieben *wie* uns selbst.

Hier ist ein gewisser gesunder Narzißmus impliziert. Liebe beginnt bei uns selber. Viele haben dieses Gebot mißverstanden, als würde es heißen: Du sollst deinen Nächsten mehr als dich selbst lieben. Einige scheinen sogar zu meinen: Du sollst deinen Nächsten lieben und dich selber *hassen*. Diese Leute verkehren gesunden Narzißmus in Masochismus. Sie glauben, Gott zu verherrlichen durch Selbstablehnung und Selbsthaß.[2] Ich würde sogar die Aussage des Johannes um den Zusatz erweitern, daß die, die angeblich ihren Nächsten lieben und sich selbst hassen, Lügner sind.

Das erste und größte Gebot geht davon aus, daß die drei Aspekte (Selbst-, Nächsten- und Gottesliebe) ganz eng zusammenhängen. Wenn einer davon fehlt, können die anderen nicht existieren. Das bringt uns noch einmal zurück zu unserem Körper. Ich bin der Meinung, daß die tiefste und häufigste Sünde bezüglich unseres Körpers und dessen erotischer Dimension nichts mit sexueller Aktivität zu tun hat. Im Gegenteil: Sie hat zu tun mit der Entfremdung von unserem Körper und dessen sexuellen Gefühlen; sie hat zu tun mit der Zurückweisung oder Unterdrückung der erotischen Dimension unseres Seins. Damit weisen wir jedoch Gottes gute Gabe der Sexualität zurück und mißtrauen der Schöpfung.

Jede Entfremdung von Gottes guter Schöpfung ist ein Ergebnis von Sünde. Entfremdung von unserem Körper wird in der Schrift als Wurzel der Sünde beschrieben. In Genesis lesen wir, wie die ersten Eltern, Adam und Eva, völlig mit sich selbst, ihrem Körper und mit Gott in Einklang waren, bis sie sündigten. Dann erst entfremdeten und schämten sie sich ihrer Körper. In der Folge entfremdeten sie sich voneinander und von Gott. Die Nächstenliebe hörte auf, und Kain ging sogar soweit, seinen Bruder zu töten. Die Menschheit hatte damit die Wirklichkeit der liebenden Gegenwart Gottes verloren.

Wenn alle Menschen immer auch ein bestimmtes Maß an Entfremdung von ihrem Körper und dessen sexuellen Gefühlen erfahren, um wieviel mehr dann Lesben und Schwule, wenn sie sich die Ansicht zu eigen machen, ihre sexuelle Orientierung sei objektiv falsch, sie habe eine Tendenz zum Bösen und sei ein Defekt der Schöpfung. Um wieviel härter ist der Kampf der Schwulen und Lesben, um sich selbst und ihre Sexualität annehmen zu können!

In meiner Arbeit als Psychotherapeut wurde mir bewußt, wie viele Menschen ihre sexuellen Gefühle unterdrücken wollen und wie sie damit sämtliche Gefühle vernichten. Sie leben ihr Leben ohne Wärme und Intimität. Es gibt auch eine Verbindung zwischen Entfremdung vom Körper und unpersönlichem Sex. Die lieblose Unterdrückung des erotischen Verlangens führt häufig zu einem zerstörerischen Handeln. Was wir in uns verdrängen, projizieren wir möglicherweise nach außen: sei es als Sexismus, Heterosexismus, Homophobie, Frauenhaß, Männerhaß oder Rassismus.

Es wäre die prophetische Rolle der Lesben und Schwulen, die Kirche und die westliche Kultur wieder zu einer Einheit zu führen, zu einer Art Identität mit dem Körper und dessen Sinnlichkeit. Wir müssen unser »Wort Fleisch werden lassen«. Das ist die Botschaft der spirituellen Gemeinschaft von Lesben und Schwulen. Wir müssen unser dualistisches und wirklichkeitsflüchtiges Konzept aufgeben. Wir dürfen nicht weiter meinen, wir seien unsterbliche Seelen, die in einen sterblichen Körper eingeschlossen sind, den wir gebrauchen, mit dem wir aber sonst nichts weiter zu tun haben. Wir müssen lernen, mit Dankbarkeit gegenüber Gott in unserem Körper zu leben, uns an ihm zu erfreuen und ihn zu befeiern.

Paradoxerweise unterscheidet sich das in der Praxis sich so antisexuell gebahrende Christentum von anderen Religionen: Es nimmt eigentlich eine positive Haltung gegenüber dem menschlichen Körper ein. Christliche Offenbarung beinhaltet mindestens vier wesentliche Bejahungen des Körpers, einschließlich der sexuellen Dimension.

Die erste ist die biblische Erzählung der Schöpfung. Genesis 2 als die ursprüngliche Schöpfungsgeschichte wird dem ersten Kapitel gegenüber um 500 Jahre früher datiert. In diesem 2. Kapitel erklärt Gott: »Es ist nicht gut, daß der Mensch allein bleibt. Ich will ihm eine Hilfe machen« (2,18). Das erste Menschenpaar, verbunden in einem sexuellen Bündnis. Dasselbe Thema ist wieder aufgenommen im Hohelied, einem Buch der Bibel, in dem es ganz um das Zelebrieren erotischer Liebe als Gabe Gottes geht.

Die zweite Bejahung des Körpers ist die Fleischwerdung. Das Johannes-Evangelium sagt uns: »Das Wort ist Fleisch geworden und hat unter uns gewohnt« (Johannes 1,14). Jesus war ein sexuelles

Wesen. Er unterzog sich der Beschneidung. Wenn Jesus seine körperliche und sexuelle Existenz akzeptierte und sich daran erfreute, dann sollten auch wir unser Wort Fleisch werden lassen. Wir sollten in der Lage sein, unsere sexuellen Körper anzunehmen und uns ihrer zu erfreuen.

Die dritte Bejahung ist die Einsetzung der Eucharistie als der Erinnerung Christi: »Dies ist mein Leib.« Christus hätte auch für alle Zeiten ausschließlich mit seinem Geist unter uns weilen können, aber er hat sich dafür entschieden, auch mit seinem Körper unter uns zu sein.

Die vierte Bejahung ist die Auferstehung. Wir teilen nicht die heidnische Auffassung über das ewige Leben als ein Leben im Geist, wobei der Körper nur eine zeitliche Hülle darstellt. In gewisser Weise wird unser Fleisch unsere Identität ausmachen für alle Ewigkeit. In »den Himmel kommen« wir nur durch und mit unserem sexuellen, sterblichen Körper.

Adam und Eva wollten Gott gleich werden und schämten sich in Folge ihrer Körper. Jesus, auf der anderen Seite, war das »Wort Gottes« und *wurde* Fleisch. Und weil das Wort Fleisch geworden ist, können wir auch *unser* Wort Fleisch werden lassen. Wir können alle Entfremdung von unserem Körper überwinden und unser körperliche Identität annehmen. Wir können darauf vertrauen, daß der Schöpfer die erotische Natur des Selbst so bestimmt hat, daß nicht auf einen unpersönlichen sexuellen Hedonismus, sondern vielmehr auf persönliche sexuelle Gemeinschaft gerichtet ist. Unsere Aufgabe ist daher, Sexualität in unsere Kraft zu lieben einzubauen: in die Liebe zu uns selbst, zu anderen und schließlich zu Gott. Sogar unsere zwanghafte und promiskuitive sexuelle Aktivität ist eine defizitäre Suche nach Einheit mit anderen und mit Gott. Die Grundbedeutung unseres spirituellen Wachstums liegt in dieser Bewegung: heraus aus der Isolation und Entfremdung und hin zu größerer Einheit untereinander. Die »Heilige Kommunion«, das Essen des Leibes Christi, erfährt so die prophetische Bedeutung, auf die geheimnisvolle Transformation unserer Körper hinzuweisen.

Gott, unser Vater und unsere Mutter im Himmel, danke für unseren Körper und die Sexualität. Durch die Auferstehung Jesu hilf uns, unsere Furcht vor und unsere Entfremdung von unserem Körper zu heilen; hilf uns, daran zu glauben, daß Deine Schöpfung gut ist. Hilf uns, unsere sexuelle Existenz zu zelebrieren. Gib uns, unsere Sexualität einzubringen in unser Streben nach Gemeinschaft mit Dir und untereinander.
Amen.

KAPITEL 15

Sex als Spiel

Steh auf, meine Freundin, meine Schöne, so komm doch!
Denn vorbei ist der Winter, verrauscht der Regen.
Auf der Flur erscheinen die Blumen; die Zeit zum Singen ist da. *Die*
Stimme der Turteltaube ist zu hören in unserem Land.

Hohes Lied 2,10-12

James Nelson zeigt[1], daß wir in einer Zwischenzeit leben: nach der
Zeit des Garten Eden, wie sie beschrieben ist in Genesis 2, und der
Zeit der Nach-Erlösung, dem erotischen Garten, wie er im Hohen
Lied beschrieben ist. Wenn man Genesis 2 gründlich liest, bleibt
kein Zweifel: Gott wollte, daß jeder Ausdruck von Sexualität einen
spielerischen Charakter haben sollte. Spiel und sexuelle Liebe waren
immer schon eng miteinander verbunden. Der alte Sanskrit-Terminus
für Koitus, *kridar-atnam*, wird wörtlich mit »Perle des Spiels«
übersetzt. Eskimos sprechen von einer sexuellen Begegnung als von
»miteinander lachen«. Doch – die Bibel spricht von den Folgen der
Sünde – unser sexuelles Leben hörte auf, Spiel zu sein, und wurde
durchdrungen von Scham, Geringschätzung, Unsicherheit und Angst:
Sex bekam mehr den Anschein von Arbeit als von Spiel.
Ein wichtiger Teil von Gottes Plan war, die Integrität und den
spielerischen Aspekt von Sexualität wiederherzustellen. Die Bedingungen für Spiel, wie wir sie in Kapitel 13 diskutierten, gelten in
besonderer Weise für die menschliche Sexualität. Helmut Gollwitzer[2]
hebt hervor, daß eine freie, gesunde und spielerische Sexualität in
dem biblischen Text des Hohen Lieds in einer wunderbaren Weise
beschrieben wird. Gollwitzer unterstreicht, daß die in diesem Text
gerühmte Liebe eine verbotene Liebe sei. Die Liebenden sind nicht
verheiratet und von unterschiedlicher Rasse:
»Schaut her«, sagt die Bibel, »hört ihnen zu, diesen zwei Verliebten,
wie sie sich aneinander freuen, jeder am andersartigen Leib des
anderen – wie sie sich verzückt betrachten, nackt und bloß, von oben

bis unten – wie sie sich sehnen nach der nächtlichen Umarmung und Vereinigung, Adam und Eva im Paradies, ohne Scham, Glück des Geschlechts – so ist es gemeint ... Wie konntet ihr nur darauf verfallen, dies für sündig zu halten, Sinnlichkeit mit Unsittlichkeit gleichzusetzen? Schaut, wie bei den beiden alle Sinne beteiligt sind: sehen, hören, riechen, schmecken, betasten! Diese Sinnlichkeit ist die Sittlichkeit der Liebe; denn es ist die gottgewollte Liebe, gerade so eine ganz menschliche, dem Menschen zugedachte Liebe. Nicht entfernt etwas Untermenschliches, etwas Tierisches, ein ›Erdenrest zu tragen peinlich‹ für euch Menschen, als solltet ihr danach streben, reine Geistwesen zu werden. Nichts ist so untierisch wie gerade die menschliche Sexualität: nicht an Brunstzeiten gebunden, nicht nur der Fortpflanzung der Gattung dienend, nicht auf den dafür bestimmten Genitalverkehr sich beschränkend, sondern den ganzen Menschen umfassend, jeder ganz auf den Geschlechtspartner hingewiesen und ihm zugewiesen.«[3] Gollwitzer ist der Meinung, daß, auch wenn das Hohe Lied eine verbotene Art von Liebe rühmt, uns dies nicht das Recht gibt, uns in völlig unstrukturierter und zügelloser Sexualität zu betätigen. Es gibt eine vorgegebene Struktur im Hohen Lied; aber sie ist nicht mehr legalistisch und repressiv, sondern menschlich und im Einklang mit der wahren Freiheit des Evangeliums. Diese Struktur ist identisch mit den Bedingungen menschlichen Spiels, die ich in Kapitel 13 behandelt habe. Zuallererst muß spielerische Aktivität einen Sinn in sich selbst finden. Sie darf nicht mit irgendeinem Ziel verknüpft sein, das hinter der spielerischen Aktion liegt. Gesunder und spielerischer Sex erfordert, daß sich die Sexpartner selbst als person-orientiert verstehen und behandeln. Jede Vernachlässigung dessen reduziert den Partner zu einem Objekt. Einen Menschen als Mittel zum Zweck zu benutzen und nicht etwas Vollendetes in ihm zu sehen, bedeutet, diese Person zu erniedrigen. Das wesentlich Unmoralische an der Prostitution ist nicht, daß Sex außerhalb der Ehe geschieht, sondern daß eine Person die andere als ein Objekt gebraucht und daß die andere Person erlaubt, daß sie gebraucht wird.

Derselbe wesentliche Fehler liegt in der traditionell arbeitsbezogenen und auf dem Prinzip der Fortpflanzung basierenden Sexualethik.

Irgendeine, ausschließlich aufgrund der Fortpflanzung erbrachte, sexuelle Handlung zerstört den Wert des Spiels mit Sexualität und reduziert die Partner ausschließlich darauf, ein Produkt hervorzubringen. Interessanterweise wird Fortpflanzung weder im Hohen Lied noch in Genesis 2 an irgendeiner Stelle erwähnt.

Wie wir gesehen haben, sind die notwendigen Bedingungen für das Spielen identisch mit den notwendigen Bedingungen für die Liebe zwischen zwei Menschen. Die wichtigste Bedingung ist: Die Partner müssen sich als gleichwertig verstehen. Sobald sich der Mann als der Frau überlegen wähnt, ist eine notwendige Bedingung für echte Liebe und spielerisches Verhalten in den sexuellen Begegnungen verlorengegangen. Im Hohen Lied verblüfft der Gleichheitsstatus der Frau ihrem Liebhaber gegenüber. Es ist kein Zufall, daß das Buch mit den passionierten Worten der Frau beginnt: »Mit Küssen seines Mundes bedecke er mich. Süßer als Wein ist deine Liebe« (1,2). Gollwitzer weist darauf hin, daß diese Gleichheit zwischen den Partnern sie vor dem ständigen gegenseitigen Unter-Druck-Setzen und Manipulieren bewahrt. Beide Seiten fordern auf zu einer sexuellen Begegnung, respektieren aber voll die Freiheit des anderen: »Der andere ist der ersehnte Partner, nicht das begehrte Mittel zur Sexualbefriedigung, allenfalls auch durch eine Puppe ersetzbar. Keine Verdinglichung zum Sexualobjekt findet hier statt. Alle Liebesrufe sind Appelle an das freie Gefühl des Geliebten, Ausdruck der Hoffnung, der andere werde gleichermaßen empfinden.«[4]

In den neuesten Entwicklungen der psychodynamischen Theorie wird anerkannt, daß der grundlegende menschliche Trieb nicht auf Lust, sondern auf Intimität gerichtet ist. Der Sextrieb ist deshalb die physische Dimension eines menschlichen Bedürfnisses, der Isolation und der Entfremdung zu entkommen, um eine tiefe physische und spirituelle Einheit zu finden. Die Suche nach sexueller Erfüllung ist daher eine Manifestation der Suche nach Harmonie mit Gott. Ein Erreichen dieser Intimität führt zu intensiver physischer und spiritueller Lust.

Es gibt noch eine andere Bedingung, damit eine sexuelle Begegnung spielerisch sein kann: Der Partner wird als einzigartiges Individuum geliebt.

Diese Haltung unterscheidet sich scharf von der »Playboy«-Sichtweise von Sex. Jene, die diese Sichtweise unterstützen, wähnen sich frei, ihre Partner in selbstsüchtiger Weise und ohne irgendeinen Sinn für Verantwortung oder Rücksicht zu gebrauchen und zu mißbrauchen. Sowohl physische als auch spirituelle Intimität ist das erkorene Ziel spielerischer Sexualität. Wie wir gesehen haben, müssen wir das Gefühl haben, geliebt zu werden, wenn wir zu einer spielerischen Freiheit kommen und Befangenheit ablegen wollen. Erstes Ziel einer Liebesbeziehung sollte sein: Die Partner befähigen sich gegenseitig, sich einander in einer Atmosphäre von Sicherheit und Vertrauen zu begegnen. Liebe gibt uns die Freiheit dazu.

Jene, die an einer herkömmlichen und dualistischen Sichtweise von Liebe festhalten, neigen zu einer scharfen Trennung zwischen spiritueller Liebe, die sich auf die Person bezieht, und der ausschließlich physischen Befriedigung des sexuellen Triebs. In Wirklichkeit gibt es nicht zwei verschiedene Arten von Liebe. Jede ernstgemeinte Liebe hat einen physischen Aspekt. Dennoch gibt es zwei Arten von Sex zu unterscheiden: Alpha- und Omega-Sex. Alpha-Sex bedeutet, den Partner in selbstsüchtiger Weise zu gebrauchen, um sexuelle Befriedigung zu erhalten. Diese Art sexueller Aktivität führt niemals zu wahrer Intimität und stellt keine Alternative zur Einsamkeit dar. Im Gegenteil: Einsamkeit wird verstärkt.

Omega-Sex andererseits entsteht bei einer Verschmelzung von sinnlicher und persönlicher Liebe. Jeder Partner stellt eine Quelle der Lust für den anderen dar, und ein jeder erfährt nur Lust, weil er eine Quelle von Lust für den anderen ist. Gollwitzer sagt es so: »Der Egoismus – ich brauche den anderen für mich, für mein Glück – ist die Kraft des Eros; die Erkenntnis, ich werde nur glücklich durch das Glück des anderen, ist die Weisheit des Eros. Er weiß: Ich komme auf meine Rechnung nicht dann, *wenn* auch der andere, sondern nur dadurch, *daß* auch der andere auf seine Rechnung kommt.«[5]

Ich bin mir als Psychotherapeut sehr stark bewußt, daß ich hier von einem idealen Ziel menschlicher Entwicklung und Reife spreche. Nelson meint, daß sich die meisten von uns irgendwo zwischen den beiden Gärten befinden. Wir verlangen nach Omega-Sex, praktizieren aber Alpha-Sex. Bleibt die Hoffnung, daß wir täglich wachsen und unsere sexuelle Aktivität in unsere Fähigkeit zu lieben integrieren. Es ist mir ebenso bewußt, daß viele Menschen psychisch so verletzt und unfähig zu einer vollen menschlichen Beziehung sind, die sich auf Intimität und Liebe gründet. Diese Personen haben jedoch das Recht zu einem gewissen spielerischen Ausdruck ihrer Sexualität. Ich stimme Norman Pittenger zu: Es gibt nur drei Arten sexueller Aktivität zwischen Erwachsenen in gegenseitigem Einverständnis: nämlich guten, besseren und optimalen Sex. Abgesehen von Kindesmißbrauch ist es schwierig, mit irgendeinem sexuellen Akt ernsthaft zu sündigen.

Sexuelle Befreiung von Lesben und Schwulen

Der Liebe des Mannes und der Frau im Hohelied vergleichbar, war auch homosexuelle Liebe verboten und durch die Gesetze von Gesellschaft und Kirche verurteilt. Aus diesem Grunde hatte die schwule und lesbische sexuelle Liebe keine Modelle oder Regeln, an die man sich hätte halten können. Die Emanzipation der Schwulen- und Lesbenbewegung brachte offenes Ausleben homosexueller Sexualität und mehr und mehr die Entdeckung neuer Formen sexueller Erfüllung. Obwohl z.B. jegliche Form schwuler Sexualität von der heterosexistischen Gesellschaft als illegal und unmoralisch angesehen wurde, war die Schwulenbewegung nicht bereit, irgendwelche moralischen oder gesetzlichen Einschränkungen für ihr sexuelles Verhalten hinzunehmen.

Die homosexuelle Revolution befreite die sexuellen Handlungen von all den künstlichen Einschränkungen und leistete ihren Beitrag, um eine Sexualität in Menschlichkeit und freudigem Spiel wiederherzustellen. Da lesbischer und schwuler Sex zwischen Menschen desselben Geschlechts stattfindet, fällt es vielen nicht so schwer, ihren Sexpartner eher als gleichwertig anzusehen. Man war ständig bemüht, die aus dem heterosexuellen Lager stammenden Einschränkungen gegenüber dem eigenen sexuellen Verhalten zu überwinden. Viele fragten zum Beispiel, ob Monogamie das beste Modell für schwule

Paare sei. Hat das Konzept, keinen Sex außerhalb einer Beziehung zu haben, nur mit der Notwendigkeit zu tun, einem Kind die Vaterschaft zu sichern? Viele schwule Paare, die ich beraten habe, stellten fest, daß Monogamie und Treue zumindest in einer jungen Beziehung eine notwendige Rolle spielen. Nur so konnte eine Art Vertrauen aufgebaut werden, das eine offene, echt menschliche Liebe möglich macht. Wenn erst einmal dieses Vertrauen gefestigt war und für die Beziehung keine Gefahr mehr bestand, zogen einige allerdings eine offene Beziehung vor.

Ich meine noch immer, daß eine engagierte, treue und liebende Beziehung den idealen Kontext für alle sexuellen Ausdrucksformen des Menschen bietet, daß sie in der Tatsache, Mensch zu sein, gegründet ist[6]. »Es ist nicht gut, daß der Mensch allein bleibt. Ich will ihm eine Hilfe machen« (Genesis 2,18). Ich sehe hierin nicht einen Übergriff heterosexueller Norm auf Schwule. Ich denke, es geht hier um ein fundamentales Bedürfnis des Menschen, das mit der Entwicklung von Vertrauen und Liebe und einer größtmöglichen Entwicklung psychischer Reife und Gesundheit zu tun hat. Sexuelle Aktivität kann nur in einem solchen Zusammenhang ihre Vollendung als liebendes und fröhliches Spiel erreichen.

Es ist mir aber sehr bewußt, daß aus den verschiedensten (psychologischen, sozialen, ökonomischen) Gründen viele Schwule und Lesben nicht in der Lage sind, eine engagierte Beziehung einzugehen. Ein »One-night-stand« oder eine gelegentliche sexuelle Liaison ist oftmals das höchste der Gefühle, dessen man fähig ist.

Sexuelle Befreiung und AIDS-Krise

Die erste Reaktion der Homosexuellenbewegung gegenüber AIDS wertete ernsthaft die Bemühungen um sexuelle Befreiung auf: ein notwendiges neues Bewußtsein von gesundheitlicher Umsicht und Sicherheit bei allen sexuellen Ausdrucksformen. Ebenso wird eine neue Art engagierter Beziehungen, die lesbischen Frauen und schwulen Männern angemessen und nicht einfach nur eine Wiederholung heterosexueller Modelle ist, entdeckt. Ein Großteil von Schwulen und Lesben heute suchen bewußt eine(n) LiebespartnerIn. Die Gefahr in der gegenwärtigen Situation besteht darin, daß viele ihre Lebendigkeit und ihre Freude an Gottes guter Gabe, der Sexualität, verlieren und in Gefühle von Scham, Schuld und Abscheu gegenüber ihrer Sexualität regredieren.

Das paradoxe Ergebnis der AIDS-Krise besteht in der Tatsache, daß sie die homosexuelle Liebe aus ihrem Versteck hervorholt.[7] Bevor es AIDS gab, waren die nach außen wahrnehmbaren Mitglieder der Schwulen- und Lesbenbewegung vor allem diejenigen, die Discos, Bars und Saunen frequentierten. Sie waren es, mit denen man den »gay life-style« assoziierte. Die anderen waren in liebende und engagierte Beziehungen verwickelt und blieben zum großen Teil in ihren Verstecken, um sich gegenseitig wegen ihrer Jobs, ihrer Wohnungen und ihrer Familien vor den Konsequenzen öffentlicher Bloßstellung zu schützen.

AIDS bestärkte viele Paare, ihre Beziehung öffentlich zu machen. Ich kenne z.B. viele Priester, Leute im Krankenhauspersonal und Familienmitglieder, die erstaunt waren über die tiefe Liebe, gegenseitige Unterstützung und selbstlose Hilfe, die die Beziehungen der meisten schwulen Paare kennzeichnen.

Jedes Element der im Hohenlied dargestellten positiven sexuellen Liebesakte kann (und ist es auch oft) in einer sexuellen Liebesbeziehung zwischen zwei schwulen Männern oder zwei lesbischen Frauen gegenwärtig sein. Folglich gibt es keinen Grund, warum deren sexuelle Vereinigung von Kirche und Gesellschaft nicht akzeptiert, respektiert und als wertvoll betrachtet werden kann. Am Ende des Hohenlieds lesen wir:

»Leg mich wie ein Siegel auf dein Herz, wie ein Siegel an deinen Arm! Stark wie der Tod ist die Liebe, die Leidenschaft ist hart wie die Unterwelt. Ihre Gluten sind Feuergluten, gewaltige Flammen. Auch mächtige Wasser können die Liebe nicht löschen; auch Ströme schwemmen sie nicht weg. Böte einer für die Liebe den ganzen Reichtum seines Hauses, nur verachten würde man ihn« (8,6-7).

Eine liebende und spielerische sexuelle Zusammenkunft kann zum Ort einer mystischen Erfahrung des Göttlichen werden. Wir alle

werden die wichtige Lektion zu lernen haben, daß das Wesensmerk-
mal einer solchen Zusammenkunft die darin realisierte Liebe ausmacht und nicht das Geschlecht des Partners. Mit anderen Worten:
Die Person zählt, nicht die bloße Technik.

*Gott, wir bitten Dich um die Wiederherstellung der Einheit zwischen
uns und unserer sexuellen Körperlichkeit, damit wir das freudige
und heilige Spiel der Sexualität in Deiner Gegenwart aufs neue
erleben können.*
Amen.

KAPITEL 16

Maria und die Homosexuellenbewegung

Er erbarmt sich von Geschlecht zu Geschlecht über alle, die ihn fürchten. Er vollbringt mit seinem Arm machtvolle Taten: Er zerstreut, die im Herzen voller Hochmut sind; er stürzt die Mächtigen vom Thron und erhöht die Niedrigen. Die Hungernden beschenkt er mit seinen Gaben und läßt die Reichen leer ausgehen.

Lukas 1,50-53

Ich war immer überzeugt, daß es eine besondere Beziehung zwischen Maria und Lesben bzw. Schwulen geben könnte.

Im Magnifikat identifiziert sich Maria mit den Exilierten, den Ausgestoßenen, den Armen und Machtlosen: »... und erhöht die Niedrigen« (s. oben).

Vor kurzem sind mir im Gebet und in der Meditation andere Aspekte dieser Verwandtschaft zwischen Homosexuellen und Maria klargeworden. Es ist interessant zu sehen, daß Psychotherapeuten besondere Familienstrukturen aufzeigen konnten, die bei Homosexuellen häufig vorgegeben sind: häufig eine enge Beziehung zur Mutter und einen distanzierten und emotional nicht engagierten Vater. Obwohl man diese Struktur bei Homosexuellen oft vorfindet, wird sie heute nicht mehr als *Grund* für Homosexualität angesehen. Ich glaube eher, daß diese Struktur nicht der Grund für Schwulsein ist, sondern ein Ergebnis davon.

Ein Beispiel: Ein Junge ist schwul und hat eine Affinität zur *anima,* seiner weiblichen Dimension. Deshalb hält sich der Vater zurück, zeigt sich uninteressiert und unzugänglich. Väter versuchen oft, ihren schwulen Söhnen aus dem Weg zu gehen, weil sie deren »Nicht-Männlichkeit« abstoßend finden. Der Vater ist jedoch gerade diejenige männliche Figur, zu der sich der schwule Sohn sehr stark hingezogen fühlt, und zwar in Umkehrung der normalen ödipalen Anziehungsstruktur. Diese Art der Anziehung wird möglicherweise später zum Anlaß masochistischer Beziehungen zu heterosexuellen Männern.

Der Mutter dagegen gefällt die sensible Natur ihres schwulen Sohnes. Sie findet in ihm einen guten Begleiter und ist ihm emotional und in beschützender Weise nahe.

Verständlicherweise fällt es einem schwulen Mann mit einer solchen Erfahrung mit seinen Eltern, psychologisch gesehen, nicht schwer, sich der Heiligen Mutter im Gebet zu nähern und eine Art liebender Annahme zu empfinden. Maria symbolisierte immer die mütterliche Seite Gottes: liebend, aufmerksam, nachsichtig, nicht nachtragend, mitleidend, heilend und leicht zugänglich.

Es ist mir bewußt, daß Maria besonders für jene, die in katholischer oder orthodoxer religiöser Tradition aufgewachsen sind, eine spirituelle Quelle bedeutet. Die meisten protestantischen Schwulen und Lesben dagegen sind nicht mit Maria vertraut. Das war das Ergebnis einer legitimen Reaktion auf theologische Exzesse, Marias Stellung betreffend. Einige Katholiken beanspruchten beispielsweise den Titel der Mit-Erlöserin für sie. Dies hätte beinhaltet, daß Maria einen mehr als nur menschlichen Status und eine gewissermaßen Jesu gleichwertige Rolle für unsere Erlösung innegehabt hätte.

Protestanten erklärten also ganz richtig, daß es nur einen Erlöser gibt, nur eine Person, sowohl menschlicher als auch göttlicher Natur: Jesus. Aber ich denke, daß Protestanten in ihrem Eifer, den einzigartigen Status Jesu bewahren zu wollen, oftmals das Kind mit dem Bade ausgeschüttet haben. Alle christlichen Gemeinschaften sind sich heute bewußt, daß in der Vergangenheit die väterliche Seite Gottes überbetont wurde. Jetzt bemühen sie sich, die weibliche Seite Gottes wiederzuentdecken. Wenn wir Maria eine Rolle in unserem spirituellen Leben zu geben bereit sind, kann sich ein gewisser Ausgleich einstellen.

Es gibt noch einen anderen Aspekt von Marienfrömmigkeit, von dem ich mich distanzieren möchte. Er wirkt äußerst zerstörerisch auf die psychische Gesundheit und auf das Wohlergehen von Frauen und damit von uns allen. Ich meine das Bild von Maria als völlig passiv, sanftmütig und asexuell. Dieses Modell wurde oft als für Frauen erstrebenswert hochgehalten. Es wurde dazu mißbraucht, Frauen das Recht auf sexuelle Erfüllung, eine gleichwertige Rolle mit den Männern und das Recht der vollen Selbstverwirklichung zu verweigern.

Ich ziehe die Maria des Magnifikats (Lukas 1,46-56) vor. Diese Maria besitzt eine Leidenschaft für Gerechtigkeit und Zivilcourage: Einer Maria, der es danach verlangt, daß stolze Prinzen von ihrem Thron gestürzt werden. Die Reichen sollen mit leeren Händen weggeschickt werden, während man die Armen mit guten Dingen beschenkt. Hier geht es um soziale Gerechtigkeit und menschliche Befreiung. Ich gebrauche das Magnifikat immer als Test, um den Wert irgendeiner, angeblich von Maria stammenden Botschaft zu prüfen. Ich finde jede ihr zugeschriebene moderne Botschaft suspekt, die nichts übrig hat für die Leidenschaft des Magnifikats: Gerechtigkeit und Mitleid für Arme und Machtlose.

Das Dokument »Partners in the Mystery of Redemption: A Pastoral Response to Women's Concerns for Church and Society«, erschienen im April 1988 und herausgegeben von der National Conference of Catholic Bishops, ist ein Zeichen echter Hoffnung für alle, die sich um Schwulen- und Lesbenbefreiung bemühen. Es gibt eine sehr enge Verbindung zwischen der Frauen- und der Schwulenbewegung. Die eine kann ohne die andere nicht erfolgreich sein. Wenn wir hören, wie Bischöfe die Kirche eines Jahrhunderte währenden sündhaften institutionellen und strukturellen Sexismus' beschuldigen, dann gibt es Hoffnung auf eine baldige Erkenntnis der jahrhundertelangen institutionellen und strukturellen homophoben Haltung.

Mein ganzes Leben lang fand ich in Maria eine einzigartige spirituelle Quelle: als Mittlerin vor Jesus und durch ihn vor dem Thron Gottes. Diese spezielle Rolle hat eine tiefe biblische Begründung, z.B. in der Erzählung von Jesu Wunder, als er auf dem Hochzeitsfest von Kana Wasser in Wein verwandelte (Johannes 2,1-12). Die Moral der Geschichte war: Wenn du etwas fast Unmögliches wünschst, nimm Maria an deine Seite. Wenn sie ihren Sohn bittet, bekommst du, was du willst.

Psychologen meinen, daß die Wurzeln unserer oftmals unbewußten psychischen Vorstellungen von Gott als Vater in unserer Erfahrung des menschlichen Vaters liegen. Wir projizieren dieselben Verhaltensweisen und Gefühle auf Gott, die wir von unserem leiblichen Vater her kennen. Beavers[1] zeigte, daß Kinder mit guten und liebenden Eltern »das Gift der Religion besiegen« und somit nur deren gute und liebende Botschaft anzunehmen in der Lage sind. Kinder mit unangemessener Erziehung sind der gröberen Seite der Religion ausgesetzt. Sie haben eher ein angst machendes und schuldbeladendes Bild von Gott, dem Vater. Die Psychologen heben hervor, daß, wenn wir ein anderes Bild von Gott als einem Gott der Liebe entwickeln, dieses Gottesbildes in der Erfahrung der Mutterliebe gegründet liegt. In katholischer Tradition kann diese mütterliche Seite Gottes vom Gottesbild des Vaters abgesondert und auf Maria, unsere himmlische Mutter, projiziert werden.

Meine Gefühle Gott, dem Vater, und Maria, unserer Mutter, gegenüber verstärkten sich, als ich größer wurde und merkte, daß ich schwul bin und daß die Kirche diese Orientierung als böse betrachtete. In ähnlicher Situation wird die Angst vor der Ablehnung Gottes, des Vaters, für viele sehr gravierend; sie verhindert, durch das Gebet in die Gegenwart Gottes zu gelangen. Während dieser ganzen Zeit blieb Maria meine Zuflucht und meine Kraft.

Sogar in Momenten, in denen ich Angst vor Gott und starke Schuldgefühle aufgrund meiner Sexualität hatte, und ich mich von Gott, dem Vater, getrennt fühlte, war ich doch immer Maria als meiner Mutter nahe; dieses Gefühl der Nähe rettete dann meine geistige Gesundheit.

Der geliebte Jünger

Es gibt eine andere Figur, zu der die schwule Gemeinschaft, ähnlich wie zu Maria, einen besonderen Bezug hat: die Figur des Johannes. Er ist die Person unter den Jüngern Jesu, mit der wir uns als Schwule identifizieren können. Wenn er auch nicht selbst schwul war, so ist er doch als einer gezeichnet, der eine schwule Empfindsamkeit aufweist. Er spricht von sich selbst immer als von »dem Jünger, den Jesus liebhatte«. Er sagt nicht, er habe eine besondere Liebe zu Jesus, sondern betont, daß es da eine besondere Art von Liebe gab, die Jesus ihm entgegenbrachte und die offensichtlich anders war als die Liebe, die Jesus für die anderen elf Jünger hatte.

Das Johannes-Evangelium erzählt davon, daß beim letzten Abendmahl

Jesus kundgab, daß ihn einer der Jünger verraten würde. Johannes ruhte bei Jesus und legte seinen Kopf an seine Brust: »Einer von den Jüngern lag an der Seite Jesu; es war der, den Jesus liebte. Simon Petrus nickte ihm zu, er solle frage, von wem Jesus spreche. Da lehnte sich dieser zurück an die Brust Jesu und fragte ihn: Herr, wer ist es?« (Johannes 13,23-25). Offensichtlich erkannte Petrus die besondere Beziehung zwischen Jesus und Johannes. Ein anderer Hinweis auf diese Beziehung ist, daß Johannes einen Platz noch vor Petrus einnahm: Er war es auch, der als erster nach den Frauen das leere Grab sah und wußte, daß Jesus auferstanden war. Eine weitere Begebenheit: Beim Fischen mit Petrus in Galiläa, nach der Auferstehung, war Johannes der erste, der Jesus am Ufer erkannte (Johannes 21,7).

Von allen anderen männlichen Jüngern war Johannes der Einzige, der unter dem Kreuz stand und versuchte, den Schmerz Jesu zu teilen. Es war Johannes, dem Jesus die Sorge für seine Mutter nach seinem Tod übertrug: »Als Jesus seine Mutter sah und bei ihr den Jünger, den er liebte, sagte er zu seiner Mutter: Frau, siehe, dein Sohn! Dann sagte er zu dem Jünger: Siehe, deine Mutter! Und von jener Stunde an nahm der Jünger sie zu sich« (Johannes 19,26-27). Und es ist überliefert, daß Johannes Maria in sein Haus nahm und für sie sorgte bis zu ihrer Aufnahme in den Himmel. Wieviel lesbische Frauen und schwule Männer haben über die Jahrhunderte zu Hause ihre alternden Eltern versorgt? Familien mit einem schwulen Sohn oder einer lesbischen Tochter sind in der Tat gesegnet.

Wir sollten nicht vergessen, daß Maria selbst den sexuell Entrechteten angehörte. Zuallererst wird sie – sexuell gesehen – als einzigartig dargestellt: die einzige jungfräuliche Mutter in der Geschichte. Dann war sie in aller Augen eine unverheiratete Mutter und von daher den strengen Bestrafungen des jüdischen Gesetzes ausgesetzt. Maria kann mit ihren persönlichen Erfahrungen sehr wohl die Ängste und das Leid des homosexuellen Exilstatus verstehen.

Maria, Himmelskönigin, bete für uns Queens auf dieser Erde, für uns Lesben und Schwule, für Transvestiten, Transsexuelle und für alle sexuell Exilierten. Denn wir sind deine besonderen Kinder.

SECHSTER TEIL

STAUB SOLLST DU WERDEN

AIDS und die Annahme der menschlichen Sterblichkeit

Und da nun die Kinder Menschen von Fleisch und Blut sind, hat auch er in gleicher Weise Fleisch und Blut angenommen, um durch seinen Tod ... die zu befreien, die durch die Furcht vor dem Tod ihr Leben lang der Knechtschaft verfallen waren.

Hebräerbrief 2,14-15

AIDS zwingt uns alle, mit unserer eigenen Sterblichkeit zu leben. So sehr wir diese Tatsache auch gern verleugnen möchten: Wir können es uns nicht länger leisten. John Snow schreibt: »Anders als bei einem Atomkrieg geht es hierbei nicht um eine vage Gefahr, die uns im Wirrwarr einer hochdifferenzierten Technologie nur am Rande tangiert. Die Gefahr ist vielmehr mitten unter uns. Sie bringt uns und unsere Freunde um. Sie schlägt um sich und läßt uns schutzlos gegenüber unserer Umwelt. Sie zeigt uns in furchtbarer Weise, wie sterblich wir sind.«[1]

Eine Person, die ständig den Tod verleugnet, wird in Wirklichkeit völlig dominiert von Todesangst und darüber hinaus spirituell blind für ihr Verlangen nach Gott. AIDS fordert uns heraus, unsere Sterblichkeit anzuerkennen und zu akzeptieren. Wir müssen der Todesangst ins Gesicht sehen und aufhören, diese Angst zu verleugnen oder zu verdrängen. Die umwerfendste Metapher des Neuen Testaments für Sünde ist: von Todesangst geknechtet zu sein! Jene, die von Todesangst besessen sind, werden alles tun, um am Leben zu bleiben. Sie werden irgend jemandem gehorchen oder alle Ideen schlucken, die ihnen Überleben versprechen.

Bei einer bestimmten Gelegenheit sagte ich einem antischwulen Fanatiker: »Sie sind voller Haß!« Er antwortete: »Ich bin lieber voller Haß, als tot!« Ich antwortete ihm: »Ich habe Neuigkeiten für Sie. Sie sind bereits tot!«

Snow meint, alle Angst habe ihren letzten Ursprung in der Todesangst.

»Das Ich als bewußtes und bereitwilliges Zentrum unseres Seins wird solange eine gewisse Selbstverteidigung pflegen, bis es sich versöhnt mit der eigenen Sterblichkeit.«[2]

Wenn wir in der Lage sind, mit Todesangst umzugehen, werden wir auch unsere Menschlichkeit wiederfinden. Die AIDS-Krise erinnert uns wieder an alte Lektionen, die die meisten modernen und industrialisierten Gesellschaften vergessen haben. Jede wirklich gesunde Kultur mildert unsere Todesangst ständig durch Gebräuche und Rituale. Diese Handlungsweisen, wie z.B. der Ritus des Aschermittwochs und das Tragen von Asche auf der Stirn, erinnern uns an den Tod als einen integralen Bestandteil der Conditio humana und helfen uns, unsere Ängste zu kontrollieren und unser sterbliches Geschick zu akzeptieren.

Die Entfremdung von unserem Körper und der Sexualität ist ursprünglich eine Entfremdung von der Sterblichkeit unseres Körpers. Um diese Entfremdung zu überwinden und um unseren Körper in all seinen Dimensionen, einschließlich der sexuellen, akzeptieren zu können, müssen wir uns versöhnen mit unseren Menschlichkeiten, auch mit dem Tod.

Die folgenden drei Kapitel sind Überlegungen zu verschiedenen Aspekten des Todes. Dabei soll das Ziel sein, uns zu helfen, wie wir mit unserer Todesangst umgehen lernen können und wie wir, wenn die Zeit kommt, den Tod annehmen können.

In Kapitel 17 *»Das christliche Verständnis von Tod, Auferstehung und Zeit«* geht es um unsere komplexe und widersprüchliche Beziehung zum Tod. Der Tod ist zugleich ein natürlicher Teil unserer menschlichen Geschichte und doch etwas, das wir nicht als unser letztes Geschick akzeptieren können. In Kapitel 18 *»Gott als Richter?«* geht es um einen wichtigen Aspekt der Todesangst, nämlich um ein verzerrtes Verständnis von Gottes Rolle als Richter, das zu unmäßiger Todesangst führt. Kapitel 19 *»Die Trauer«* beschreibt den Prozeß des Trauerns um den Tod eines Liebhabers oder eines Freundes. In diesem Kapitel versuche ich, den gesunden und normalen Trauerprozeß zu unterscheiden von dessen pathologischem Gegenstück.

Ich will über die spirituellen Quellen nachdenken, auf die wir zurückgreifen können, um mit Todesangst umgehen und sie ertragen zu können. Aber angesichts der AIDS-Krise plädiere ich nicht für Passivität. Die vorrangige Botschaft dieser Kapitel heißt: Überwindung der Todesangst befähigt uns, das Leben zu bejahen. All die psychischen Energien, die in Verleugnung und Unterdrückung eingeschlossen sind, können für ein positives Engagement zum Leben frei werden.

Diese Kapitel beabsichtigen auch, den Mut und die Aktion all jener Menschen mit AIDS zu bekräftigen, die darum kämpfen, am Leben und gesund zu bleiben und die Lebensqualität für sich selber und für Mitbetroffene zu verbessern.

Ich habe an anderer Stelle bereits erwähnt, daß Jesu hauptsächliches Engagement in der Aufhebung menschlichen Leids bestand und daß jede(r) in seiner Nachfolge sich demselben Ziel verschreiben sollte. Wir wären nachlässig, wenn wir daher nicht alles in unserer Macht Stehende tun, die Epidemie aufzuhalten und die intensive Suche nach Heilmitteln einzuklagen. In der Zwischenzeit geht es wenigstens darum, alle nur möglichen Wege zu finden, die das Leben verlängern und Schmerzen erleichtern können. Es geht darum, einen guten Kampf zu kämpfen.

KAPITEL 17

Das christliche Verständnis von Tod, Auferstehung und Zeit

Denn ich bin gewiß: Weder Tod noch Leben, weder Engel noch Mächte, weder Gegenwärtiges noch Zukünftiges, weder Gewalten der Höhe oder Tiefe noch irgendeine andere Kreatur können uns scheiden von der Liebe Gottes in Christus Jesus, unserem Herrn.

Römerbrief 8,38-39

Die Zeit vor Ostern, die sogenannte Fastenzeit hat etwas Mystisches an sich. Eine Zeit, in der wir Gott sehr nahekommen können. Sie beginnt mit einer krassen Erinnerung an den Tod und an unsere Sterblichkeit: »Gedenke, Mensch, daß du Staub bist und zum Staub zurückkehrst.« Während dieser heiligen Zeit könnten wir gründlich über die letzte Bedeutung unseres Lebens und Todes nachdenken. Die Fastenzeit erinnert an die vierzig Tage, die Jesus in der Wüste verbrachte. Er fastete und kämpfte gegen die Versuchungen der Abhängigkeit, der Macht, des Stolzes und der Begierde. Er mußte das Wichtige vom Unwichtigen unterscheiden und schließlich seinem Geschick in die Augen sehen.

In der Fastenzeit sollten wir Prioritäten setzen. Viele verdrängen ihr Leben lang den Tod und denken, daß sie unsterblich sind. Schon der Gedanke an den Tod provoziert solche Angst und Furcht in uns, daß wir ihn instinktiv verdrängen. Ernest Becker zeigt[1], daß ein gewisses Maß an Verdrängung, besonders bei Jugendlichen, gesund und normal ist. Aber: Spirituelle Entwicklung und Reife besteht auch in der Konfrontation mit unserer Furcht vor dem Tode. Wir müssen uns dieser Furcht völlig bewußtwerden und – mit Gottes Gnade – deren Kontrolle über unser Leben veringern. Wir sind aufgerufen, unser Geschick des Todes und der Wiedergeburt anzunehmen. Glaubende erfahren damit neue Bestätigung: Christus hat dem Tod die Macht genommen und uns ewiges Leben geschenkt.

Edward Schillebeeckx meint[2], daß der Tod als Zusammenfassung menschlichen Lebens diese drei Dinge bedeutsam machen sollte: Integration, Einheit und ganzheitliche Heilung. Meistens jedoch sehen wir den Tod anders. Wir sehen ihn als Verschwinden und Auslöschen des Individuums. Menschen scheinen die einzigen Geschöpfe zu sein, die sich ihres Todes bewußt sind. Diese Bewußtheit ist gefühlsmäßig bedeutungsvoll in jedem Moment unseres Lebens.

Es gibt einen instinktiven urmenschlichen Protest gegen die Absurdität und gegen den Skandal des Todes, der sich im Glauben widerspiegelt: daß nämlich der Tod durch die Sünde Adams und Evas in die Welt gekommen sei. Die Herrschaft des Todes in dieser Welt repräsentiert in einer gewissen mystischen Weise die Herrschaft Satans –, so jedenfalls redet der Mythos. Wir weigern uns, uns selbst als ein vergängliches und persönlich unbedeutendes und austauschbares Element in der Geschichte zu verstehen.

Jesus versöhnte sich selbst mit seiner Sterblichkeit, er akzeptierte den Tod am Kreuz und versöhnte sich in seinem Tod mit Gott: All dies macht uns klar, daß innerhalb der menschlichen Grenzen und der Geschichte Erlösung niemals erreicht werden kann, indem wir der Sterblichkeit zu entkommen suchen. Menschlich gesehen, beinhaltet Erlösung im wesentlichen Versöhnung mit der eigenen Sterblichkeit, gepaart mit radikaler Liebe. Menschliche Liebe wurde so gesehen durch Jesu Macht über den Tod gestiftet. Unser Glaube an die Auferstehung verleugnet nicht, daß der Tod auch für Christen ein undurchdringliches Mysterium und Leiden bedeutet. Jesus selbst erfuhr dieses Leiden; der instinktive menschliche Protest gegen den Tod spiegelt sich im Todeskampf im Garten.

Ich glaube, es war Woody Allen, der einmal bemerkt hat, daß sich ein Atheist von einem Gläubigen deshalb unterscheidet, weil der Atheist »kein unsichtbares Mittel zu Hilfe hat«. Welches aber *sind* diese unsichtbaren Hilfsmittel? Religiöser Glaube an einen gewissen Sieg über den Tod war schon immer gegründet auf einer lebendigen Einheit zwischen Gott und den Menschen. Wenn jemand diese Einheit nicht erfahren hat, wird er oder sie dazu neigen, die Möglichkeit der Auferstehung als unbegründet oder bedeutungslos zu verwerfen oder sie als schiere Wunscherfüllung zu betrachten. Nichtreligiöse menschliche Erfahrung kann für diesen Glauben keine Evidenz anbieten. Christen sehen die Hoffnung auf Auferstehung als Geschenk rettender Einheit mit Gott: ein Geschenk, das wir entweder annehmen oder ablehnen können. Wesentlich ist, daß nicht einmal der Tod eine wahre und lebendige Einheit mit Gott zerstören kann. Das Reich der Toten hat nicht das letzte Wort in unserer persönlichen Geschichte. Leben mit Gott ist stärker als der Tod.

Der Sieg über den Tod sollte niemals als menschlicher Anspruch verstanden werden, sondern als besondere Gabe Gottes. Unsere Hoffnung, den Tod zu überwinden, wird nicht gerechtfertigt durch irgendein Verdienst unsererseits. Sie ist vielmehr begründet in der Güte des lebendigen Gottes, wie sie sich offenbart im Tod und in der Auferstehung Jesu. Unterstützung für unseren Glauben an das Leben nach dem Tode finden wir in Gottes Wort und in unserer persönlichen Erfahrung der göttlichen und menschlichen Liebe. Unser Glaube und unsere Hoffnung liegen begründet in Wesen und Aktivität Gottes. Die Auferstehung Jesu ist daher für uns ein sicheres Zeichen der Macht Gottes über den Tod und der Liebe zu uns.

Der Tod und die Bedeutung der Zeit

Gibt es aber ein spürbares Bedürfnis in unserem Leben, worauf Gottes Verheißung der Auferstehung und der körperlichen Unsterblichkeit eine vitale Antwort sein kann?

Manche versuchen, Leben und Sterben des Menschen »objektiv« zu sehen; sozusagen als natürliche Prozesse im Kreislauf von Werden und Vergehen. Sie drängen uns, den eigenen Tod als Teil der natürlichen Ordnung der Dinge zu akzeptieren. Auf der anderen Seite glauben einige Wissenschaftler, bald in der Lage zu sein, menschliches Leben unbegrenzt verlängern zu können. Beide Haltungen verharmlosen in gewisser Weise den Tod.

Da wir den Tod so vehement verdrängen, fangen wir an, an eine Art Pseudo-Unsterblichkeit zu glauben. Damit hören wir auf, den Tod ernst zu nehmen. Die Realität des Todes gibt jedem Augenblick unseres Lebens eine Bedeutung und eine Dringlichkeit, die wesentlich zur Qualität menschlichen Lebens beitragen. Das Wissen um eine unendliche Zukunft wirft ein neues Licht auf die Bedeutung christlichen Auferstehungsglaubens. Denn Auferstehung bedeutet nicht nur: Leben ohne Ende. Sie bedeutet auch Transformation von Zeit und Sein.

Als Menschen sind wir Sklaven der Tyrannei der entfliehenden Zeit. Wir erleben die Zeit als ein Gefängnis, dem wir entkommen möchten. Die Vergangenheit existiert nie wirklich in der Gegenwart. Insofern wir durch Schuld und Reue Gefangene der Vergangenheit sind, haben wir keine Verbindung zum Augenblick. Insofern wir Angst, Unsicherheit und Furcht bezüglich der Zukunft ständig in uns brodeln lassen, sind wir wiederum getrennt vom Augenblick.

Todesangst sollte daher nicht vorwiegend als unser Wunsch nach Unsterblichkeit, sondern vielmehr als die Notwendigkeit verstanden werden, den Augenblick in seiner Fülle zu leben: eine Notwendigkeit, deren Hoffnung in der Zukunft liegt. Einen Menschen zu unendlichem Leben in ständig entschwindender Zeitlichkeit zu verdammen, würde für ihn die Hölle auf Erden bedeuten. Er besäße nicht die Möglichkeit zu sein, den Augenblick als wirklich zu begreifen und zu erfahren.

Nietzsche hatte ganz recht: Die westliche Kultur verlor das Vertrauen, daß der geschichtliche Prozeß eine geoffenbarte Bedeutung hat und daß es im geradlinigen Prozeß des Weltenlaufs Transzendenz geben kann. Mit diesem Vertrauensverlust erwies sich die Zeit als etwas Unfruchtbares, abgeschwächt als unendliche Wiederholung, ohne Anfang und Ende. Wenn wir uns in diese entleerte Zeit verstricken lassen, wird das Leben absurd und scheinbar wertlos.

Das wesentliche Paradox menschlichen Bestrebens, die Zeit umwandeln zu wollen, wurde auf besonders schöne Weise in zwei Mythen dargestellt. Der erste ist Platos Höhlen-Mythos. Im *Staat* beschreibt Plato die Menschheit als eingeschlossen in einer Höhle. Damit ist die Welt der Zeit, des Wandels und der materiellen Objekte gemeint. Nur wenn wir dieser Höhle durch den Tod entfliehen, entkommen wir der Zeit und gehen ein in das Reich ewiger, unvergänglicher Ideen und machen die Erfahrung der Erfüllung. Diese Vorstellung führt zu der Theorie, wir seien unsterbliche Seelen, dazu bestimmt, eine beseligende Vision ewiger Ideen zu erhalten. Platos Ewigkeit jedoch ist statisch und tot. Sie ignoriert die Realität unserer Existenz in Fleisch und Blut.

Die andere Geschichte verbirgt sich in der russischen Volkssage *»Die Steinerne Blume«*. In dieser Geschichte verbringt ein Bildhauer sein Leben mit dem Versuch, die dahingehende Schönheit einer Rose in Stein einzufangen. Er versagt immer und immer wieder. Schließlich erscheint ihm ein Geist aus der Unterwelt und führt ihn in eine Höhle hinunter. Dort findet er eine formvollendete und in Edelsteine gehauene Blume. Er ist von dieser Vision so betroffen, daß er in dieser unwandelbaren und leblosen Welt aus Stein in Trance fällt. In der Welt droben gibt es jedoch eine Frau, die ihn liebt. Durch die Macht ihrer Liebe findet sie die Höhle und bricht die Trance des Bildhauers, um ihn an die Oberfläche zu geleiten, wo Liebe und Schönheit trotz aller Zerbrechlichkeit und Vergänglichkeit immerhin wirklich sind.

Es ist wunderbar, wie das Konzept der Auferstehung zu den in den beiden Geschichten beschriebenen Wünschen paßt. Der auferstandene Jesus ist real. Er fordert die Jünger auf, ihn zu berühren. Er sitzt bei ihnen und ißt mit ihnen, um sie zu überzeugen, daß er kein Gespenst ist. Der auferstandene Jesus hat den Tod überwunden. Er transzendierte nicht nur die Zeit, sondern er kann nach seinem Willen auch in die Zeit eintreten.

Die großen Mystiker waren sich immer bewußt, daß die Zeit eine überzeitliche Dimension hat: das Ewige, das weder nur beständig noch vergänglich ist, das *nunc stans*, die paradoxe Einheit von Immer und Jetzt, ohne Vergangenheit und Zukunft. Ihm galt im letzten mystisches Erleben. Ein Mensch, dessen Leben das Siegel eines solchen Augenblicks mystischer Erfahrung empfangen hat, hat Tod und Leben besiegt. Und doch ist diese Erfahrung nicht reserviert für außergewöhnliche Menschen oder außerordentliche Umstände. Im Gegenteil: In jedem Erleben intensiver persönlicher Liebe steckt ein Vorgeschmack dieser Überwindung von Tod und Zeit.

Der Kontrast zwischen stoischem und
christlichem Glauben

Es gibt eine fundamentale und notwendige Verbindung zwischen menschlicher Liebe und dem Wunsch nach Unsterblichkeit. Wenn zwei Menschen ernstgemeinte Liebe geben und nehmen, dann findet das Glück dieser Verschmelzung seinen Ausdruck in einem spontanen Verlangen nach Unsterblichkeit. Auf diese Ursehnsucht des Lebens gibt es nur zwei Antworten, die einen Sinn haben: die der Stoiker und die der Christen. Die stoische Praxis (die Tugend der Indifferenz) beinhaltete eben genau den Versuch, die Furcht vor dem Tode zu überwinden. Um sich dem Tod stellen zu können, mußte der einzelne eine Distanz zum Leben und zu all den Empfindungen schaffen, die den Menschen an das Leben binden. Der römische, von der Stoa geprägte Kaiser Mark Aurel sagte einmal: »Bedenke, Mensch, daß du in Kürze nicht und nirgends sein wirst ... diese Tatsache soll dir ein großer Trost sein.« Die größte Bedrohung jener grimmigen Gelassenheit war die Liebe. Die grundlegende Botschaft stoischer Askese war daher, »sich nie zu verlieben«. Denn der Liebhaber verlangt notwendigerweise nach Unsterblichkeit, sowohl für sich selbst als auch für den geliebten Partner. Der stoische Philosoph Musonius Rufus drängte gar die Ehemänner, ihre Frauen nicht zu lieben, wenn sie nicht ihre gelassene Gleichgültigkeit gegenüber dem Leben verlieren wollten.

Welch' hohen Preis müßten wir also bezahlen, um der Furcht vor dem Tode zu entfliehen? Stimmt der Anspruch der Stoiker, daß wir dieser Furcht nur entkommen, wenn wir die Liebe selbst verwerfen? Oder aber: In welchem Maße brauchen wir Hoffnung in die Zukunft, um uns in der Gegenwart im Leben und in der Liebe beherzt zu engagieren?

Die Antwort des christlichen Glaubens auf diese Fragen ist die in der Auferstehung Jesu erfüllte Verheißung. Der Glaube macht deutlich, daß wir, rein menschlich gesehen, unsere Hoffnung auf etwas völlig Absurdes, Irrationales, Unmögliches, Unglaubliches setzen – auf ein Wunder. Diese Hoffnung ist dennoch auf tiefste menschliche Sehnsüchte bezogen.

Die Frage, ob der christliche Glaube an die Auferstehung und an die Unsterblichkeit eine echte Zukunft für die Menschheit eröffnet, muß immer aufs neue geprüft werden. Eine gewisse Sicherheit wird sich – Jesus nachfolgend – einstellen, wo wir Leiden mindern, Gerechtigkeit befördern, Wunden heilen, Befreiung vorantreiben, Leben ermöglichen –, besonders bei uns Lesben und Schwulen.

AIDS und Sterblichkeit

Psychologen sind sich bewußt, daß eine der tiefsten Wurzeln von Homophobie mit der Furcht vor dem Tode zu tun hat. Die vorrangige Flucht vor dem Tod geschieht durch Fortpflanzung: Man erreicht Unsterblichkeit durch Nachkommenschaft. Folglich können Lesben und Schwule, da sie sich für gewöhnlich nicht fortpflanzen, unbewußt ein gewisses Maß an Sterblichkeit repräsentieren.

Im Alten Testament war der Bund Gottes mit seinem erwählten Volk ursprünglich ein Bund der Fortpflanzung. Sie sollten »fruchtbar sein und sich vermehren«, bis ihre Nachkommen so zahlreich wie die Sandkörner am Meer sind (Genesis 1,28). Aus diesen Nachkommen sollte eventuell der Messias stammen. Als Ergebnis dieses Glaubens wurden Eunuchen und alle, die nicht heirateten und keine Kinder zeugten, von der Gemeinschaft ausgeschlossen (vgl. Deuteronomium). Der größte Segen, den Gott zuteil werden lassen konnte, war Fruchtbarkeit, und der größte Fluch war Unfruchtbarkeit. Aber wenn der Messias kommt, dann errichtet er einen neuen Bund zwischen Gott und der Menschheit, gegründet auf die Hoffnung auf Unsterblichkeit durch Auferstehung.

Jesaja sagt voraus, daß nach dem Kommen des Messias, Eunuchen als volle Mitglieder der neuen Gemeinschaft akzeptiert werden: »Ich will ihnen in meinem Hause und in meinen Mauern einen Ort und einen Namen geben … der nicht vergehen soll«. (56,4-6). In Matthäus 19,12 macht Jesus deutlich, daß der Terminus »*Eunuch*« auf all jene zutrifft, die sexuell anders sind und die, aus welchem Grund auch immer, sich nicht fortpflanzen: »Denn es ist so: Manche sind von

Geburt an zur Ehe unfähig, manche sind von den Menschen dazu gemacht, und manche haben sich selbst dazu gemacht – um des Himmelreiches willen.« Jesajas Prophezeiung bewahrheitet sich, als Philippus, durch den Heiligen Geist geführt, den Eunuchen tauft, als dieser gerade Jesaja las (Apostelgeschichte 8,26).

Ich sehe die heutige christliche Schwulen- und Lesbenbewegung als die direkte Erfüllung dieser Prophezeiung. Die Schrift selbst verbindet den Status der Nicht-Fortpflanzung von Lesben und Schwulen mit der Hoffnung der Auferstehung.

Wie wir gesehen haben, zeichnet die Genesis Adam und Eva in der Entfremdung von ihren Körpern und in der Scham über ihre Sexualität, ausgelöst durch die Furcht vor dem Tode. Homosexuelle hielten vernünftigerweise immer an der einen Hälfte der Wahrheit über unseren menschlichen Körper fest: Wir lebten möglichst vollständig eine körperliche Existenz. Wir haben uns mit dem Körper identifiziert und insbesondere mit dessen sexueller Dimension.

Die AIDS-Epidemie verknüpfte Homosexualität aufs neue mit Sterblichkeit. Homosexuelle sind daher aufgerufen, ein besonderes Zeugnis für die Bedeutung von Tod und Auferstehungshoffnung abzulegen. John Fortunato kann in AIDS einen Gewinn für die Menschheit sehen. AIDS zeige uns nämlich die Wahrheit der Sterblichkeit: »Wenn dieser Alptraum uns die Auferstehungshoffnung wieder ins Bewußtsein zu rücken vermag, ohne die das Leben eine einzige Verzweiflung darstellt, dann wird der Heilige Geist unter dem Stöhnen der Schöpfung und unter Tränen und Seufzern vielleicht ein wenig Frieden und Erlösung herbeiführen«[3].

Da die normalen Verdrängungsprozesse (Entkörperlichung und Fortpflanzung) in bezug auf die Sterblichkeit für Lesben und Schwule nicht greifen, bleibt ihnen nur eine einzige Wahl: die Hoffnung aufzugeben oder zu vertrauen in die Macht und Verheißung Gottes. Sie können Auferstehungsmenschen werden. Inmitten einer Krise werden Menschen mit AIDS zu Zeugen der Kostbarkeit des Lebens und zeigen Mut im Angesicht des Todes. Durch meine eigene Erfahrung weiß ich um den besonderen spirituellen Frieden, um die Freude und das Vertrauen, mit denen Menschen mit AIDS dem Tod begegnet sind. Es ist diese spirituelle Zuversicht, die viele dazu gebracht hat, sich selbst einen Sinn für Leben zu schaffen und sogar diese Qualität für sich selbst und für andere zu erhöhen.

Wir haben jedoch in der Verheißung der Auferstehung noch eine andere Quelle für Hoffnung und Trost. Sie macht uns frei zu lieben. In der Erfahrung der Liebe berühren wir die Unsterblichkeit, weil wir die lebendige Wirklichkeit Gottes berühren:

»Liebe Brüder, wenn Gott uns so geliebt hat, müssen auch wir einander lieben. Niemand hat Gott je geschaut; wenn wir einander lieben, bleibt Gott in uns, und seine Liebe ist in uns vollendet. Daran erkennen wir, daß wir in ihm bleiben und er in uns bleibt« (1.Johannesbrief 4,7-13).

Teilhard de Chardin, Paläontologe und Theologe, schreibt:

» ... Durch den Tod kehren wir nicht in den großen Strom der Dinge zurück, wie die pantheistische Seligkeit verheißt. Wir werden vielmehr von der göttlichen Macht wieder aufgenommen, erfaßt, beherrscht – die in den Kräften innerer Auflösung eingeschlossen ist, die vor allem gegenwärtig ist in der unwiderstehlichen Sehnsucht, die unsere getrennte Seele auf die jenseitigen Wege ihrer Bestimmung fortreißt (so naturnotwendig wie die Sonne, die über dem Wasser scheint, den Dampf zum Aufsteigen bringt) ... Der Tod liefert uns ganz Gott aus; er läßt uns in ihn eingehen; umgekehrt müssen wir uns dem Tod in großer Liebe und Hingabe ausliefern – denn wenn er da ist, gibt es für uns nichts anderes mehr, als uns ganz von Gott beherrschen und führen zu lassen.«[4]

Ich möchte dieses Kapitel mit einer persönlichen Bemerkung abschließen. Einer der Menschen, der mir am teuersten ist, ist meine Schwester Sheila, die zwei Jahre älter ist als ich. Sis kümmerte sich um mich, als ich ein Kind war. Seit sie vor über fünfundvierzig Jahren in das Kloster eintrat, betete sie für mich und meine Tätigkeit mit Schwulen und Lesben. Meine Schwester hatte unglaubliche Schmerzen wegen ihrer Knochen; möglicherweise wird sie gelähmt sein. Sie unterzog sich vieler Operationen mit häufigen Komplikationen. Einmal gab sie mir einen Text, der ihr viel bedeutete:

Wenn wir gelernt haben, daß das Leiden etwas zu bedeuten hat, dann können wir noch viel mehr ertragen. Dies ist die Botschaft des Evangeliums: Leiden muß nicht Verlust bedeuten. Menschen wachsen am Leiden und erhalten eine Schönheit dadurch. Das Leiden hat sie transparent gemacht, offener, klug und behutsam. Schmerz kann uns verherrlichen, gibt uns eine gewisse Aura und eine Bedeutung in unserem Leben.

Das Leiden hat meiner Schwester sicherlich eine beneidenswerte spirituelle Kraft und Freiheit gegeben. Kürzlich erzählte sie mir folgende Episode: Am ersten Tag ihrer alljährlichen Exerzitien versank sie in eine tiefe Depression, die der Tod selbst zu sein schien. Trotz aller Bemühungen konnte sie sich nicht davon befreien. Nach einem Tag depressiven Leidens kehrte sie erschöpft in ihr Zimmer zurück. Sie notierte in ihrem Tagebuch all die Erlebnisse, Gedanken und Gefühle dieses Tages. Plötzlich fing sie an, schnell zu schreiben und fühlte, daß jemand anders ihre Hand führte. Hier die Worte, die sie nach dem automatischen Schreiben vorfand:

»Sheila, fürchte dich nicht vor dem Tod. Ich habe dich befreit von vielen Dingen, damit du dich im Gebet auf mein Königreich vorbereiten kannst. Hab' keine Angst, denn deine Güte und Liebe zu mir überwiegen bei weitem deine Fehler und Mängel.
Liebe mich weiterhin mit deiner großen Liebe und der Großzügigkeit deines Lebens, das du mir gegeben hast. Du bist sehr schön für mich. Ich liebe dich mit einer tiefen Liebe, weil du meinen Willen befolgt hast. Ich werde dich weiterhin lieben und segnen. Habe keine Angst. Ich werde immer bei dir sein und dir den Mut und die Kraft geben, die du brauchst.«

KAPITEL 18

Gott als Richter?

Ja, ich komme bald! Amen! Komme, Herr Jesus!

Offenbarung 22,20

In der Weihnachtszeit blickt die christliche Gemeinschaft in zwei verschiedene Richtungen. Wir sehen einmal zurück auf das erste Kommen Christi in seiner Geburt als das Kind Jesus in Bethlehem. Und wir sehen nach vorne auf das zweite Kommen, wenn Jesus als Richter zurückkommen wird in Macht und Herrlichkeit. Dies wird die letzte, endgültige Erscheinung der göttlichen Kraft Jesu sein.

Ich möchte nun das Augenmerk auf die Bedeutung, die das zweite Kommen Jesu für jeden von uns hat, richten: Denn unser Verständnis von Tod und Gericht, auch wenn es tief in unserem Unbewußten begraben liegt, hat eine Menge zu tun mit der Authentizität, dem Mut und der Fülle, mit der wir unser Leben heute leben.

Es ist offensichtlich, daß die Apostel und die frühe christliche Gemeinde die Verheißung der Wiederkunft Jesu ziemlich wörtlich genommen haben; sie erwarteten das zweite Kommen noch während ihrer Lebenszeit.

Unabhängig davon, daß sie sich getäuscht haben, so kehrte Jesus in anderer Weise doch in ihr Leben zurück. Im Glauben verstehen wir darüber hinaus den Tod als Rückkehr in Jesu Gegenwart. Doch diese Aussicht erfüllt uns nicht unbedingt mit Freude. Die Furcht vor dieser Begegnung kommt von unseren Bildern von Jesus als dem Richter, mit denen wir aufwuchsen. Sie sind so verwirrend und falsch, daß es schwierig wird, sie für heute angemessen zu übersetzen. Natürlich sind die Vorstellungen vom Gericht geprägt von verschiedenen menschlichen Manipulationen.

Das Gericht Gottes, will man darüber räsonieren, muß ein Resumée unseres ganzen Lebens darstellen. Der Philosph Maurice Blondel hat diesen Grundsatz sehr gut formuliert: »Ich bin verdammt zum Leben, verdammt zum Tode, verdammt zur Ewigkeit. Wenn meine Freiheit keine endgültige Bedeutung für mein Leben hat, existiere ich nicht. Als menschliches Wesen habe ich dann keine Bedeutung noch Identität. Ich muß frei sein, das Leben zu wählen, den Tod und die Ewigkeit. Sonst bin ich ein Nichts.«[1] Unsere Freiheit, wenn sie wirklich und nicht nur ein Trick sein soll, muß Auswirkungen haben auf den Prozeß des Sterbens. Um einen menschlichen Sinn im Gericht zu sehen, muß der Augenblick unseres Todes ein Augenblick freier Wahl sein. Die ganze Geschichte unseres Lebens und all die Entscheidungen, die wir getroffen haben, werden diesen Augenblick bestimmen. Alle guten Entscheidungen während unseres Lebens führten uns in die Gegenwart der menschgewordenen Liebe; all unsere lieblosen dienten dazu, uns vor Schmerzen zu bewahren. Wir müssen genauso frei sein, dann unsere letzte Entscheidung in der Gegenwart Gottes zu treffen. Es geht um die Bedeutung, die wir unserem Leben als Ganzem geben wollen. Wir sind Gottes freie Geschöpfe, er will auch jetzt eine freie Entscheidung. Wo wir demnach vor Gott stehen, hängt von unserer Haltung ab; sie wiederum wird Ausfluß unseres ganzen Lebens sein.

AIDS und das Gericht Gottes

Eines können wir uns ganz sicher sein: *Es ist nicht Gottes Wille, daß irgend jemand AIDS hat.* Es gibt tatsächlich Menschen, die die AIDS-Epidemie als Gericht Gottes und Strafe für Schwule verstehen. Sie zeigen damit zuallererst ihre eigenen homophoben Vorurteile und ihren unverhüllten Schwulenhaß. Einige wollen Schwule und Lesben bekehren und sie der Anbetung eines heidnischen Gottes der Furcht unterwerfen. Sie fordern, daß wir sexuelle Intimität opfern, um einer göttlichen Bestrafung zu entgehen. Die so denken, zeigen ihr Unwissen über den Gott, den Jesus offenbarte. Jesus betonte, daß Gott ein liebender und gnädiger Vater ist, der Kinder nicht bestraft, schon gar nicht für eine Sache, in der sie keine Wahl hatten.
Im Lichte der Lehre Jesu ist die einzige Frage, die man stellen kann: Welche Werke Gottes sind durch das Leiden und den Tod von Menschen mit AIDS manifest geworden? Ich habe keine definitive

Antwort auf diese Frage. Sie wird wahrscheinlich bei jedem von der AIDS-Krise Betroffenen verschieden sein. Im Glauben und Vertrauen jedenfalls können wir die Verheißung annehmen, daß Gottes Liebe immer etwas Gutes aus dem Übel des Leids, der Krankheit, der Schmerzen und des Todes schaffen wird. Es gibt das »Werk Gottes«, im persönlichen Weg, den jeder Mensch mit AIDS durch Leben und Tod geht, bis hin zur persönlichen Zusammenkunft mit dem Gott der Liebe und zur eigenen letzten Entscheidung.

Es gibt Hinweise auf Gottes gutes Wirken. Ich habe bereits auf positive Veränderungen durch AIDS hingewiesen: ein neues Ernstnehmen der Sterblichkeit und der Kostbarkeit des Augenblicks. Ich denke an die neue Öffentlichkeit schwulen Lebens und homosexueller Solidarität. Vielleicht führt all das zu voller Akzeptanz in Kirche und Gesellschaft.

Schließlich halte ich fest: Jesu Antwort damals und heute für Ausgegrenzte und Kranke war nicht Richten und Verdammnis, sondern Mitleid, Berührung, Heilung und Umarmung. Wir wären berufen, so bei den von AIDS Betroffenen und denen, die sie lieben, zu bleiben: Zuhören und Berühren, Dabeibleiben und Teilen von Hoffnung, Furcht und Verzweiflung.

Das Jüngste Gericht

Wenn Jesus von den Sünden spricht, derer wir uns am Jüngsten Gericht zu verantworten haben werden, dann erwähnt er nicht unreine Gedanken, Masturbation oder erotisches Angezogensein vom gleichen Geschlecht noch sexuelle Beziehungen außerhalb der Ehe. Die Sünden, über die er richtet, sind von grundsätzlich anderer Art: Ich war hungrig und ihr habt mich nicht gespeist; ich war durstig, nackt, einsam, krank, im Gefängnis, in Schmerzen und ihr habt mir nicht geholfen. Nirgendwo in seiner Beschreibung des Gerichts spricht Jesus von sexuellen Handlungen, es sei denn, diese Handlungen beinhalteten eine Verletzung der Person. Und nirgendwo in den vier Evangelien sagt Jesus auch nur ein einziges Wort gegen Homosexualität. Ich glaube, daß es für zwei Erwachsene sehr schwierig werden dürfte, eine ernsthafte Sünde aufgrund einer sexuellen Handlung zu begehen, – Vergewaltigung, Kindesmißhandlung oder bewußtes Verletzen des Partners ausgenommen.

Im Gegenzug zu vielen verzerrten Vorstellungen vom Gericht möchte ich die schönste und zutreffendste literarische Fassung vom Gericht aus C.S.Lewis' Buch *The Last Battle* erwähnen, und zwar aus dem siebenten Band seiner Chronik von Narnia.[2]

In diesem Buch steht Aslan, ein riesiger Löwe, als Christusfigur und Retter dieser Welt in der Tür des Stalles, in dem er einst geboren wurde. Die Sonne, der Mond, die Sterne erlöschen, bis nur noch ein einziges Licht scheint: jenes, das aus der Tür des Stalles kommt. Alle Geschöpfe dieser Welt streben zu dieser Lichtquelle hin und stehen nun von Angesicht zu Angesicht vor Aslan. Die ihn in ihrem Leben haßten und seine Herrschaft der Liebe ablehnten, sind voller Verachtung und Schrecken, sobald sie ihn zu sehen bekommen. Sie entschließen sich, in die Dunkelheit zu seiner Linken zu stürzen. Aber jene, die ihn liebten und seine Herrschaft der Liebe befolgten, werden erfüllt mit Freude und laufen zu ihm, um ihn zu umarmen und einzugehen in das Licht zu seiner Rechten.

Beachten wir, daß Aslan, die Gottesfigur, in dieser Szene nichts tut. Er ist, was er ist. Die Geschöpfe richten sich selbst durch die Art, wie sie sich ihm gegenüberstellen. Lewis' Nacherzählung des Jüngsten Gerichts macht die letzte Dimension unserer moralischen Freiheit deutlich: Ob wir Gott in unser Leben aufnehmen oder ob wir seine liebende Gegenwart ausschließen, hängt allein von unserer eigenen Entscheidung ab. Die Szene aus *The Last Battle* kann uns helfen, neu die Bedeutung unseres Todes zu erkennen. Der Tod sollte verstanden werden als Eingehen in die Gegenwart Jesu.

Wie aber sollen wir nun die Furcht vor dem Tod und dem Gericht überwinden, die uns als Kinder eingeimpft wurde: Ängste, die uns davon abhalten, unser Leben erfüllt und authentisch zu leben; Ängste, die uns dazu verleiten, eine Krankheit wie AIDS als Strafe Gottes mißzuverstehen?

Zuallererst müssen wir Gott eine echte Chance geben: Gott ist ein Gott der Liebe. Der Gott der Furcht ist ein reiner Götze. Weiter müssen wir alles in unserer Macht Stehende tun, um uns selbst von aller pathologischen Schuld und Furcht zu befreien, die uns plagen. Wir müssen diese ungesunden Gefühle als Beschimpfung des wahren Gottes ansehen. Schließlich können wir täglich im Gebet zu Gott kommen. Hier können wir Bilder loswerden, Bilder falscher Schuld und Furcht.

Hören wir die Worte des Johannes, des Jüngers, den Jesus liebte: *»Darin ist unter uns die Liebe vollendet, daß wir am Tag des Gerichts Zuversicht haben. Denn wie er ist, so sind auch wir in dieser Welt. Furcht gibt es in der Liebe nicht, sondern die vollkommene Liebe vertreibt die Furcht. Denn die Furcht rechnet mit Strafe, und wer sich fürchtet, ist in der Liebe nicht vollendet«* (1. Johannesbrief 4,17-18).

KAPITEL 19

Die Trauer

Selig die Trauernden, denn sie werden getröstet werden.

Matthäus 5,4

Gott ruft uns zu ständigem, erneutem spirituellen Wachstum auf. Alles Wachsen aber beinhaltet einen Trauerprozeß. In der Genesis zum Beispiel lesen wir, daß Abraham, der Vater aller Gläubigen, Gottes Wort vertrauen und das Alte loslassen muß. Er muß seine Heimat und seines Vaters Haus verlassen und in ein neues, fremdes Land reisen, wo er Gottes Segen empfangen wird. Es ist nie zu spät, diese spirituelle Reise anzutreten. Abraham zählte jugendliche fünfundsiebzig Jahre.

Es gibt nur eine einzige ernsthafte Frage im Leben: Können wir lieben unter der Bedingung, daß wir sterben müssen? Die Ungläubigen und Stoiker unter uns werden wohl verneinen. Sie halten daran fest, daß wir uns nie verlieben sollten, denn der Schmerz über den Verlust wird zu groß sein. Der Mensch des Glaubens jedoch bejaht die Frage. Für die unter uns, die die Botschaft Christi annehmen können, wurde dem Tod die Macht geraubt. Wir sind befreit zu Liebe und Leben im Angesicht des Todes, – im vollen Bewußtsein, daß Liebe das Grab überwinden wird.

Zu spirituellem Wachsen gehört Trauer, Tod und Wiedergeburt. Jedes menschliche Wesen ist gefordert, die unvermeidbaren Verluste anzunehmen, die mit Wachsen, Entfaltung, Altern und Tod zusammenhängen. Kinder müssen erwachsen werden und ihr Zuhause verlassen. Eltern werden alt, krank oder bettlägerig und sterben. Auch wir selbst werden, falls wir das Glück haben, älter; früher oder später müssen wir der Krankheit und dem Tod ins Auge sehen.

Ich glaube, tiefer religiöser Glaube ist notwendig, um wachsen zu können und um den Verlust derer tragen zu können, die wir lieben. Folglich sind wir in jedem Abschnitt unseres Lebens dazu aufgefordert, uns einem Trauerprozeß zu unterziehen, wenn wir psychologisch gesund bleiben wollen.

Den Verlust von Liebe zu überleben, ist eine der größten und schmerzhaftesten Herausforderungen, denen wir begegnen. Wie bei jeder anderen Art von Verlust, gibt es in dieser Situation sowohl eine gesunde wie auch eine pathologische Trauer. Gesunde Trauer heilt stufenweise die Wunde des Verlustes und erneuert in uns die Fähigkeit, wieder in Liebe und Leben investieren zu können. Die Erinnerung an unsere Liebe wird friedlich, ja sogar erfreulich.

Es ist ein natürliches und gesundes Zeichen von Trauer, wenn jemand ein Woche nach dem Begräbnis eines geliebten Menschen noch immer den Frühstückstisch für zwei Personen deckt und ihn oder sie zu Tisch ruft. Wenn dann die Wirklichkeit unseres Verlustes einbricht, wird er sich wahrscheinlich hinsetzen, seine Leere, Einsamkeit und seinen Schmerz fühlen und hemmungslos weinen. Mit der Zeit aber sollten diese Augenblicke des unerwarteten und intensiven Schmerzes langsam nachlassen. Oft kann der Trauerprozeß nicht abgeschlossen werden aufgrund zurückgebliebener unbewußter Schuld, Furcht und Ärger, die wir nicht bewußtmachen können, um besser damit umzugehen. Wir brauchen dann kompetente Hilfe, um den Trauerprozeß abschließen zu können.

Aufgrund medizinischer Fortschritte konnte für viele der Prozeß des Sterbens beachtlich hinausgezögert werden. Das ist auch oft der Fall bei AIDS-Patienten. Wenn jemand, den wir lieben, an einer sich hinziehenden tödlichen Krankheit leidet, haben wir meistens die schwierigste Trauerphase bereits abgeschlossen, noch bevor der Tod selbst eintritt. Der Liebhaber, die Familie oder Freunde einer Person, die an AIDS starb, mögen dann über den Frieden, die Akzeptanz und das Fehlen großen Schmerzes und Kummers überrascht sein, die sie normalerweise nach dem Tod eines Freundes oder Verwandten fühlen. Sie sollten sich jedoch klarmachen, daß dies nicht etwa ein Zeichen von Gefühllosigkeit ist, sondern eher ein hart erkämpftes Ergebnis aus all der schmerzlichen Trauer, die sie bereits hinter sich haben.

Sehr häufig jedoch ist der Trauerprozeß viel schwieriger und zögert sich lange hinaus, da viele Menschen, die an AIDS sterben, noch jung sind. Es ist relativ leicht, den Tod eines geliebten Menschen zu betrauern, der ein langes und erfülltes Leben hatte. Das Durchschnittsalter der Menschen, die an AIDS sterben, beträgt aber 35 Jahre.

Der Sanskrit-Terminus für Witwe bedeutet »leer«. Der Schmerz, den wir über den Tod eines geliebten Menschen empfinden, rührt her von einer Art Leere. Wenn wir jemanden innig lieben, werden wir wahrhaft eins mit diesem Menschen. Unsere Liebe wird eins mit unserer eigentlichen Realität, unserem eigentlichen Wesen. Folglich erfahren wir mit dem Tod eines geliebten Menschen einen Verlust unserer Identität; wir verlieren den Sinn unserer Beziehungen mit der Welt. Wir müssen neu definieren, wer wir sind und welche Bedeutung die Welt für uns hat. Der Trauerprozeß läßt uns diesen Verlust in unser Selbstbewußtsein integrieren.

Die Phasen der Trauer sind von Person zu Person verschieden. Oft kommt es zu einem anfänglichen Schock und zu einem Gefühl von Betäubung. Dies ist ein natürlicher Schutzmechanismus, der uns weiterhin funktionieren läßt und uns einen Freiraum schafft, damit wir unsere Widerstandskräfte mobilisieren und mit dem Verlust umgehen können. Darauf folgt meist eine emotionale Reaktion und Befreiung. Es ist die Zeit des Schmerzes, der Leere, der Tränen und der Gefühle der Verzweiflung, Depression und der Einsamkeit, die häufig als unerträglich erlebt wird.

Während dieser Phase ist es normal, »nicht mehr leben zu wollen«. Das Leben erscheint aller Bedeutung und allen Glücks beraubt, und wir fühlen uns verstoßen und lahmgelegt. Selbstmordgedanken während dieser Zeit sind häufig. Religiöse Gebote und das Bewußtsein, daß Selbstmord gegen die Intentionen der geliebten Person verstoßen könnte, hindern oft daran, diese Ausflucht zu wählen.

Diese Phase der Trauer ist für gewöhnlich begleitet von zahlreichen physischen Symptomen. Unsere Trauer kann sich somatisch ausdrükken in Form von Wehwehchen, Schmerzen, Fieber und anderen physischen Symptomen. Diese Phase kann aber auch psychologische Reaktionen hervorbringen wie z.B. intensive Gefühle von Panik und Schuld. Vielleicht glauben wir, etwas nicht wieder Gutzumachendes getan zu haben; daß wir deshalb den Tod unseres Geliebten verursacht haben. »Wenn ich nur besser geliebt hätte, weniger egoistisch gewesen wäre, mit Ärger hätte umgehen können, nicht betrogen hätte...« Werden diese Gefühle intensiv und unversöhnlich, dann brauchen wir auch hier professionelle Beratung.

Ärger ist immer die andere Seite von Schuld. Der Trauernde wird hin und her geworfen zwischen Schuldgefühlen und Selbsthaß einerseits und überschwenglicher Wut und Ärger andererseits. Niemand ist gänzlich frei von diesem Ärger. Wir richten ihn auf uns selbst, dann wieder auf den Geliebten, der gestorben ist. Vielleicht sind wir ärgerlich mit unseren Freunden, dem Krankenhauspersonal, den Eltern, der Kirche – und mit Gott. Auch dies ist ein natürlicher, notwendiger und reinigender Teil des Trauerprozesses.

Die dritte Phase ist für gewöhnlich geprägt von Trägheit und Erschöpfung. Wir haben den Wunsch nach einer längeren und heilenden Ruhepause. Unsere Freuden und unser Leid zu teilen, ist der Kern wahrer Gemeinschaft. Die Hauptrolle auch einer christlichen Gemeinschaft während der Trauerphase beinhaltet, den Trauernden anzunehmen und seinen Schmerz zu teilen. Wir haben alle einen absoluten Wunsch nach Freundschaft und Mitteilung, um den Trauerprozeß abschließen zu können. Wir brauchen eine liebevolle Gemeinschaft, um ein gewisses Maß an Akzeptanz und Hoffnung und Hilfe sicherzustellen, damit der Kontakt zum Leben nicht abbricht.

Schwule und Lesben haben oft spezielle Probleme mit dem gemeinschaftlichen Aspekt von Trauer. Der Kern gesunden Trauerns liegt im Teilen des Schmerzes mit mitleidenden Freunden. Den Rahmen und die Rituale dafür finden wir in der heterosexuellen Gesellschaft vor: die Todesanzeige, die Totenwache, das Begräbnis oder die kirchliche Beerdigungszeremonie, die Familienfeier .... Wenn aber ein schwules oder lesbisches Paar seine Beziehung geheimhalten mußte, dann gibt es kein öffentliches soziales Ventil für ihre Trauer. Oder noch schlimmer: Manche Zeitungen weigern sich, den Namen eines Partners in der Traueranzeige zu erwähnen. Manchmal übernimmt die Familie des Verstorbenen die Totenwache und das Begräbnis und verweigern dem Partner, die Rolle des Haupttrauernden zu übernehmen. Ja, schließen ihn/sie auch vom Begräbnis aus.

Schwule und Lesben erfahren sich selbst oft als Exilierte noch im Augenblick von Tod und Trauer. Sie sind der Möglichkeit beraubt, ihre Trauer offen zeigen zu können, insbesondere wenn der Partner an den Folgen von AIDS starb.

Der Trauerprozeß ist für die psychologische und spirituelle Gesundheit von Schwulen, Lesben und allen, die sich selbst aufgrund ihres Andersseins von der Gesellschaft ausgegrenzt finden, besonders wichtig. John Fortunato[1] betont, daß wir dauernd trauern. Trauer beinhaltet immer einen Fünf-Schritte-Prozeß, den Elisabeth Kübler-Ross beschrieben hat: Verleugnen, Verhandeln, Ärger, Depression und schließlich Akzeptanz.[2] Dieser Prozeß kann bei allen Enttäuschungen des Lebens ablaufen, angefangen bei der Unfähigkeit, an der Ampel links zu fahren, bis hin zum Verlust eines geliebten Menschen. Fortunato weist nun darauf hin, daß die meisten Menschen dem Mythos, daß sie dazugehören und den Schutz gewisser Regeln genießen, auf den Leim gehen. Lesben und Schwule aber befinden sich aufgrund ihres Andersseins außerhalb dieses Mythos; auch hier gehören sie wieder einmal nicht dazu. Wie viele Homosexuelle trauern als Kinder über die Entfremdung von ihrer Familie.

Aus meiner Arbeit als Therapeut weiß ich, daß jedes homosexuelle Kind verwaist aufwächst: Schwule Jugendliche werden von ihrer Altersgruppe oftmals abgelehnt und gelegentlich sogar mißbraucht. Junge schwule Männer und lesbische Frauen fühlen sich nicht selten isoliert und versuchen ängstlich, ihr Anderssein zu unterdrücken, um unter dieser verzweifelten Anstrengung doch noch ein bißchen dazuzugehören. Aufgrund ihrer Furcht bleiben viele Erwachsene in ihrem Versteck: Sie führen einen Grabenkrieg mit der Welt, sind verwickelt in schnellen und anonymen Sex und leben mit dem ständigen Terror, ihr Geheimnis könnte aufgedeckt werden.

Es ist möglich, daß wir in einer Phase der Trauer steckenbleiben. Wir mögen in einer lebenslangen Verleugnung unseres Andersseins verharren. Wir mögen steckenbleiben in der Kompromißphase, indem wir uns im Berufsleben den ganzen Tag über heterosexuell geben und uns unser Anderssein nur am Wochenende erlauben. Wir mögen steckenbleiben im Stadium des Ärgers und unser Leben durchdringen lassen von Zynismus und Haß, insbesondere Schwulen und Lesben gegenüber. Und: Wir mögen in der Depressionsphase steckenbleiben und keinerlei Freude am Leben haben.

Um solche Fallen erfolgreich zu umgehen, müssen wir den Trauerprozeß durchschreiten und bewußt mit unseren Gefühlen von Verleugnung, Ärger und Depression umgehen lernen. Um so mehr werden wir die befreiten Gefühle schätzen können, die kommen werden, wenn unsere Wunden schließlich geheilt sind und eine friedvolle Akzeptanz unseren Schmerz ersetzen wird. Die meisten von uns werden dies alles nicht alleine schaffen. Wir brauchen liebevolle Freunde und eine liebevolle Gemeinschaft, die uns diesen Prozeß bewältigen helfen.

Fortunato glaubt, daß psychologische und spirituelle Entfaltung einer schwulen oder lesbischen Person davon abhängt, inwieweit sie sich selbst und den Wunsch loslassen kann, Anteil am Mythos des Dazugehörens zu haben und in der heterosexuellen Gesellschaft akzeptiert zu sein. Dieser Wunsch sollte durch einen vertieften persönlichen Prozeß spirituellen Wachstums ersetzt werden: »Was Homosexuelle letztlich aufgeben müssen, sind die Abhängigkeit von Ablehnung und das Bedürfnis nach Menschen, die (obwohl sie dazu unfähig oder nicht gewillt sind) ihnen ihre Integrität bestätigen. Nur so funktioniert es: Bekommen wir weder von Menschen noch von einem Mythos Bestätigung unserer Integrität und den uns zustehenden Platz im Universum, dann müssen wir jenseits davon weitersuchen. Es bleibt uns nichts anderes übrig, als irgend woanders, tiefer und in kosmischeren Regionen zu suchen.

Wenn wir aufhören zu verdrängen, zu kämpfen und uns in der Unterdrückung zu suhlen, dann kommen wir aus dem Sumpf heraus. Auf zu neuen Ufern! Wir fangen an zu begreifen, daß wir unsere Freiheit und unser Dazugehörigkeit durchweg nicht in jenem Mythos finden können. Das war nie der Fall. Wir fangen an zu verstehen, was Jesus damit meinte, wenn er sagt: ›Mein Reich ist nicht von dieser Welt‹ (Johannes 18,36).«[3]

Um den Mythos der Zugehörigkeit zu dieser Welt loslassen zu können, müssen wir jenen Trauerprozeß in einer gewissen Weise bereits durchschritten haben, den die meisten Menschen erst bei einem Todesfall durchschreiten. Das Ergebnis ist eine wachsende spirituelle

Freiheit, authentisch und furchtlos in dieser Welt leben zu können. Durch die Vertiefung unseres spirituellen Lebens können wir jene Phänomene, die viele als einen Fluch des Andersseins oder des Exiliertenstatus ansehen, in spirituelles Gold verwandeln! Was müssen wir als homosexuelle Menschen noch alles leisten, um diesen »Fluch« zu einem Segen wenden zu können? Wenn wir jeden Tag die Zeit finden, in Gottes Gegenwart zu verharren, dann werden wir eine lebendige, liebevolle und persönliche Beziehung zu Gott aufbauen können. Dann werden wir auch in der Lage sein, all die kaputten Ereignisse unseres Lebens aufzudecken: Verlust, Schmerz und Trauer. Wir können sie vielleicht als Teil von Gottes gutem Werk in Jesus erkennen.

Gott, Du hast Dein Wort gegeben, daß die Trauernden getröstet werden sollen. Berühre die Herzen all derer, die aufgrund von AIDS trauern; laß sie Deiner liebevollen Gegenwart bewußt sein und gib ihnen Frieden.
Amen.

SIEBTER TEIL

SPIRITUELLE HOMOSEXUELLE GEMEINSCHAFTEN

Anmerkung der Redaktion: Sich dessen bewußt, daß manche der folgenden Informationen – weil geprägt von den Erfahrungen des Autors in USA – für deutschsprachige Leserinnen und Leser fremd sind, haben wir uns dennoch entschlossen, sie auch in der Übersetzung beizubehalten. Einmal, weil auch bei uns ganz grundsätzlich Gemeinschaften, auch religiöse, für Lesben, Schwule und ihre Familien, Freundinnen und Freunde wichtig sind. Dann aber auch, um vielleicht neue Ideen für Gruppen und Gemeinschaften, die erst entstehen oder im Aufbau sind oder bereits existieren, zu geben.

Liebende kommen zusammen

Denn wo zwei oder drei in meinem Namen versammelt sind, da bin ich mitten unter ihnen. Matthäus 18,20

Diese erstaunlichen Worte Christi unterstreichen den spirituellen Wert von Gemeinschaft. Durch das ganze Buch hindurch sahen wir, wie wichtig Gemeinschaft für die spirituelle Befreiung von schwulen und lesbischen Christen ist.

Oft verbeißen wir uns in unsere schlechte Beziehung zur Kirche, zu Gott und zu unseren Mitmenschen, weil wir fürchten, daß, wenn wir die kranke Beziehung fahren lassen, wir überhaupt keine Beziehung mehr haben werden. Lieber schlechte Eltern als gar keine. Lieber einen sadistischen Partner als überhaupt keinen. Lieber eine homophobe Kirche als überhaupt keine Kirche. Lieber einen Gott der Furcht als überhaupt keinen Gott. Wir *sind* unsere Beziehungen. Der andere gibt uns nur uns selbst zurück. Manchmal erscheint das Loslassen einer kranken Beziehung einer Vernichtung gleichzukommen. Also klammern wir uns weiter an ihr fest.

Nur wenn wir eine neue Gemeinschaft, eine neue Familie und neue gesunde Beziehungen finden, bekommen wir Kraft zum Risiko, alte Beziehungen loszulassen. In Teil 1 sahen wir, wie wichtig eine andere Glaubensgemeinschaft sein kann, um den Gott der Furcht und die Pathologie kranker Religion und unreifen Glaubens austreiben zu können. In Teil 2 sahen wir, daß wir die Unterstützung einer liebenden Gemeinschaft nötig haben, um die Dämonen der Furcht, Angst, Scham, Schuld und des niederen Selbstwertgefühls loszulassen. In Teil 5 sahen wir, daß wir nur in einer Gemeinschaft der Liebe wirklich frei sind zu spielen, und daß Sex in einer persönlichen Liebesbeziehung freudige und spielerische Befreiung bringt. In Teil 6 sahen wir, daß gesunde Trauer nur mit der Hilfe einer liebenden Gemeinschaft durchgetragen werden kann.

In diesem letzten Abschnitt möchte ich bezeugen, was schwule religiöse Gemeinschaft persönlich für mich bedeutet.

KAPITEL 20

Die Bedeutung christlich-homosexueller Gemeinschaft

Ihr seid zur Freiheit berufen, Brüder [und Schwestern]. Nur nehmt die Freiheit nicht zum Vorwand für das Fleisch, sondern dient einander in Liebe! Denn das ganze Gesetz ist in dem einen Wort zusammengefaßt: »*Du sollst deinen Nächsten lieben wie dich selbst!*« *Wenn ihr einander beißt und verschlingt, dann gebt acht, daß ihr euch nicht gegenseitig umbringt.*

Galaterbrief 5,13-15

Die Existenz von Dignity in Amerika ist ein großer Segen für mein Leben. Diese Organisation wurde zu einer spirituellen Gemeinschaft für viele schwule Katholiken. Vor ungefähr achtzehn Jahren begann Dignity New York mit ihren ersten Treffen. In ganz New York als einer der homosexuellen Zentren der Welt gab es keine Seelsorge oder sonst irgendeine Organisation für katholische Schwule oder Lesben. Trotz enormer Ängste beschlossen wir, eine solche Gruppe zu gründen. Sie basierte auf dem Beispiel unserer schwulen katholischen Brüder und Schwestern in San Diego und Los Angeles, die die eigentlichen Pioniere von Dignity sind. Und so annoncierten wir im Oktober 1972 in der *Village Voice* und kündigten an, daß Dignity, eine Organisation für katholische Schwule und Lesben, ein erstes organisiertes Treffen im Gemeindehaus der Calvary Episcopal Church im Gramercy Park abhalten würde. Wir wußten überhaupt nicht, was da auf uns zukommt. Aber zu unser aller Verwunderung, sind über hundert Männer und Frauen gekommen: und Dignity New York begann.

Seit diesem ersten Treffen mußten wir unsere Treffpunkte sechsmal ändern. Trotz Anfeindungen von innerhalb und außerhalb hat Dignity überlebt. Ähnliche Organisationen sind in England, Australien, Südafrika und Spanien ins Leben gerufen worden.

Welche Ziele verfolgen die Begründer von Dignity? Entgegen aller Hoffnungen hofften wir, daß uns Gott zu Instrumenten machen werde, um die Blindheit einer Kirche zu beseitigen, die an Sexismus und Heterosexismus krankte. Wir hofften, durch die gemeinsame Arbeit einen Weg zu finden, wie wir unseren Glauben und unser Anderssein so miteinander versöhnen könnten, daß sie einerseits von der Kirche ak-

173

zeptiert werden konnte, wir andererseits aber in keiner Weise unsere schwule oder lesbische Realität unterdrücken oder verleugnen mußten. Die Kritiker kamen sowohl aus der Homosexuellenbewegung als auch der Kirche. Viele machten uns lächerlich und sagten, wir seien naiv. Viele in der Homosexuellenbewegung sagten, wir seien töricht zu glauben, daß die Kirche gegenüber Schwulen und Lesben jemals irgend etwas anderes sein könnte als homophob und repressiv. Und viele in den Kirchen sagten, wir seien töricht zu glauben, daß Gott seine/ihre Gegenwart gerade uns Ausgestoßenen offenbaren würde.

Und dennoch vertrauten wir darauf, daß Jesus sein Wort hält: »Denn wo zwei oder drei in meinem Namen versammelt sind, da bin ich mitten unter ihnen«. Wir vertrauten darauf, daß uns Gott schützen, trösten und führen wird, daß er unsere Blindheit heilt und uns von unseren Ängsten befreit. Wir begriffen dunkel, daß Gott zu uns sprechen wird durch unsere Liebe füreinander. Wir beschlossen, auf Gott zu setzen.

Nicht zuletzt war unsere Würde als Lesben und Schwule von einer tiefen spirituellen Erfahrung von Gottes Liebe abhängig; einer Liebe für uns Lesben und Schwule. Wir konnten diese Erfahrung nur machen, indem wir uns freiarbeiteten von allem Selbsthaß und lernten, uns selbst zu lieben.

Es gibt eine alte chassidische Legende, die den Wert einer liebenden Gemeinschaft hervorhebt. Ein Rabbi bat Gott um einen Gefallen: Er wollte vor seinem Tod noch den Himmel und die Hölle sehen. Gott gab der Bitte nach und so wurde der Rabbi in einen Raum der Unterwelt geführt. In diesem Raum saß eine Gruppe unglücklicher und abgemagerter Leute um einen über dem Feuer hängenden Kessel mit Essen. Sie versuchten, sich selbst zu füttern. Ihre Anstrengungen waren allerdings umsonst: Ihre hölzernen Löffel waren zu lang für sie, um die Nahrung zum Mund führen zu können. Dies, sagte man ihm, sei die Hölle. Dann wurde er in einen mit dem ersten identischen Raum geführt, in dem eine ähnliche Gruppe von Leuten um einen anderen Kessel mit Essen saß. Sie hatten dieselben langen hölzernen Löffel, aber hier gab es Lachen und Freude. Der Unterschied war, daß sie sich einander fütterten. Dies, sagte man ihm, sei der Himmel. Die homosexuelle (christliche) Gemeinschaft muß eine sein, in der wir uns füttern, indem wir *einander* füttern.

Die erste große Leistung der homosexuellen christlichen Bewegung zeigte sich in der persönlichen Würde, die sie Tausenden homosexueller Christen bringen konnte. Ich denke, die meisten meiner Leser stimmen mit mir überein, wenn ich behaupte, daß als Christ und Schwuler in den Vereinigten Staaten aufzuwachsen, gleichzeitig bedeutet, als zutiefst verwundete Person aufzuwachsen. Viele von uns haben erfahren, was es bedeutet, von Familie, Altersgenossen, Gesellschaft, Kirche und sogar Gott verworfen zu sein. Darüber hinaus war es für uns schwierig, aus dieser Entfremdung auszubrechen. Ein verabredetes Schweigen ließ viele von uns glauben, wir seien die einzigen Schwulen und Lesben in der Welt. Durch religiöse Gruppen haben viele von uns gelernt, sich selbst anzunehmen.

Die spirituelle Gabe der Unterscheidung

Ich sehe eine große Gefahr für die homosexuelle christliche Gemeinschaft. Eine Gefahr, der wir nur mit einer neuen spirituellen Reife aus unseren Reihen heraus begegnen können. Ich glaube, jeder braucht die spirituelle Gabe der Unterscheidung.
Es gibt ein grundlegendes Gesetz spirituellen Lebens: Auf einen anfänglichen Honeymoon folgt eine Phase der Prüfungen, eine dunkle Nacht der Seele. Ich denke, jede homosexuelle christliche Gruppe hatte anfänglich eine Periode freudiger Arbeit, abgelöst von einer Periode der Schwierigkeiten. Die ursprünglichen Leiter übernehmen sich, Zielvorstellungen werden undeutlich, Persönlichkeiten prallen aufeinander, Machtkämpfe brechen aus, es kommt zu Konflikten zwischen Frauen und Männern, zu Konflikten zwischen denen, die die Kirche beschwichtigen wollen, und denen, die mehr Konfrontation wollen.
Durch einen gemeinsamen Unterscheidungsprozeß müssen wir lernen, wie wir Ideen und Gefühle pflegen können, die unseren Respekt allen Angehörigen der Homosexuellenbewegung gegenüber und auch der Kirche gegenüber unterstützen. Wir müssen beten und kämpfen.

Unterscheidung und Wut

Wie wir in Kapitel 5 gesehen haben, besteht der wichtigste Prozeß gemeinsamer Unterscheidung darin, wie wir kreativen und konstruktiven Gebrauch machen können von der Wut, die sich gegen die Ungerechtigkeit richtet, die wir in legitimer Weise fühlen. Wir als schwule und lesbische Christen müssen versuchen, liebevolle Kritiker und kritische Liebhaber der Kirche zu werden. Wir müssen lernen, über die uns widerfahrenden Ungerechtigkeiten wütend zu sein: und zwar angemessen und ohne entschuldigend zu wirken. Wir müssen weiterhin klar die Ideale verteidigen, für die wir einstehen. Bedenkt, daß all die großen Propheten (Männer wie Frauen), Jesus inbegriffen, wütend sein konnten und ihre Wut in einem Kampf für Gerechtigkeit kanalisierten. Unsere Wut wird neurotisch bleiben, wenn wir – gleichsam fixiert – etwas von offiziellen Vertretern der Kirche wollen oder erhoffen, das sie uns nicht geben können oder wollen.

Um die Gesundheit der Schwulen- und Lesbenbewegung zu bewahren, müssen wir lernen, wie wir selbst-bezogen werden und Verantwortung vor Gott und unseren Mitmenschen für unsere Entscheidungen und unser Leben übernehmen können. Wir müssen lernen, daß wir nicht mit dem Ziel leben sollten, den Erwartungen anderer gerecht zu werden. Der beste Weg, unsere Wut auf Eltern und Kirche loslassen zu können, besteht in der Heilung der Wunden, die sie uns zugefügt haben. Wir müssen eine eigene therapeutische Gemeinschaft werden. Wenn wir in der Lage sind, die Wunden des Selbsthasses und der Selbstablehnung zu heilen, dann können wir die neurotische Wut loslassen, die wir den Verursachern der Wunden gegenüber fühlen mögen.

Wir müssen – auch im Gebet – eine persönliche Neubewertung unseres Erbes anstreben. Vieles von dem, was wir von der Kirche übernommen haben, ist kontaminiert vom Übel der Homophobie. Wir sollten uns fragen, welche der kirchlichen Werte wir weiterhin respektieren und lieben wollen, welche Werte kompatibel sind mit dem, was unsere Person ausmacht und nicht unsere Würde als Person angreift. Die Basis der gemeinschaftlichen Unterscheidung ist wiederum die Prämisse: Allem psychologisch Destruktiven liegt eine schlechte Theologie zugrunde. Unsere Unterscheidungskraft wird der Kirche daher einen wichtigen Dienst erweisen: zerstörerische Traditionen von dem authentischen Wort Gottes zu trennen.

Die erste Lektion, die ich in den zwanzig Jahren meiner Arbeit in homosexuellen christlichen Gemeinschaften gelernt habe ist, daß Gott mit den Schwachstellen arbeitet. Gottes Geist ist aktiv an unvermuteten Orten: in den Armen, den Gebrochenen und den Demütigen. Die Kraft Gottes in uns ist am stärksten, wenn wir unsere Verletzlichkeit zugeben, Risiken eingehen und loslassen. Einzugestehen, daß wir verwundbar sind, heißt, einzugestehen, daß wir Hilfe brauchen. Auf diese Weise machen wir uns zu einem Werkzeug der Liebe Gottes.

Danke, Herr, für die Gabe der Gemeinschaft! Hilf uns, Dein Werkzeug zu sein, um den homophoben Haltungen in Deiner Kirche ein Ende zu bereiten.
Amen.

KAPITEL 21

Bekehrung

Wenn ihr aber durch den Geist geleitet werdet, seid ihr nicht unter dem Gesetz.

Galaterbrief 5,18

Als Jesus sein neues Gottesreich ausrief, verlangte er Umkehr und Bekehrung.[1] Bekehrung bedeutet umkehren, auf der eigenen Spur verharren und eine neue Richtung einschlagen. Jesus sagt uns, daß die Menschheit oft auf dem falschen Weg ist und sich von Gott wegbewegt. Was die Bibel Sünde nennt, Dunkelheit, Blindheit, Stumpfheit, Schlaf oder Hartherzigkeit, zeigt sich in unserem Leben als widerspenstige Entschlossenheit, nur unsere eigenen egoistischen Ziele zu verfolgen.

Das »Wovon« und »Wozu« einer Bekehrung ist in der Bibel klar: Bekehrung von Sünde zu Erlösung, von Göttern zu Gott, von Sklaventum zu Freiheit, von Ungerechtigkeit zu Gerechtigkeit, von Schuld zu Vergebung, von der Ahnung, nicht liebenswert zu sein, zu der Gewißheit, daß wir geliebt sind, von Lüge zur Wahrheit, von Dunkelheit zum Licht, vom Ich zu anderen, von Tod zum Leben. Bekehrung bedeutet immer Hinwendung zu Gott. Wir sind aufgefordert, auf Gott zu reagieren mit all den Besonderheiten unserer persönlichen sozialen, politischen und sexuellen Umstände. Uns als Mitgliedern der schwulen und lesbischen christlichen Gemeinschaft stellt sich die Frage: Welches ist für uns der Wendepunkt?

Bekehrung ist immer Abwendung von Götzendienst. Götzen sind jene Dinge, die einen Fahneneid fordern, der eigentlich und rechtmäßig Gott gebührt. Die falschen Götter, die heute unseren Dienst und unsere Treue fordern, sind dieselben wie in der Bibel: Reichtum, Macht, Status, Stolz auf sich selbst, Stolz auf die Nation, Sexismus, Rassismus. Bekehrung bedeutet, daß wir buchstäblich das Gebot erfüllen: Gott über alles zu lieben.

Wir sollten ehrlich sein mit uns selbst. Der Versuch, die Werte Christi zu leben, käme einer radikalen Umkehr gleich. Expansion und Aggression sind zum Normalfall geworden, sowohl für uns persönlich als auch für die Gesellschaft. Konkurrenzkampf und Eifersucht finden wir in den meisten unserer Beziehungen. Der Gewalt wird in unserer Kultur durchweg Zustimmung erteilt. Egoismus prägt die meisten unserer Bekanntschaften. Die homosexuelle Gemeinschaft verkörpert eine ganze Anzahl der Werte Christi in einer erstaunlichen Weise, insbesondere durch Mitleid, Gastfreundschaft und durch Ablehnung von Gewalt. Und doch müssen wir eingestehen, daß die Werte Christi nicht völlig die unseren sind.

Die Rolle der Gemeinschaft

Jesus rief als erstes nach der Ankündigung des neuen Reiches eine Gemeinschaft ins Leben. Angefangen von der ersten Berufung der Jünger bis hin zu Pfingsten bedeutete Gottes Ruf zur Bekehrung immer auch Aufruf zur Gemeinschaft. Jesus folgen hieß, sein Leben zu teilen und es mit anderen zu teilen. Jene, die Jesus folgten, bekamen die Gabe der Gemeinschaft untereinander. Von nun an gehörten sie zu Jesus und waren untrennbar miteinander verbunden. Das Evangelium hat zum Ziel, eine neue Familie zu gründen, in der all die, die voneinander entfremdet waren, nun Brüder und Schwestern in Christus sind. Sowohl Liebe als auch Versöhnung gab es in dieser neuen Gemeinschaft im Übermaß. Menschen wurden nicht mehr unterteilt in Juden und Heiden, Sklaven oder Freie, Mann oder Frau, homo- oder heterosexuell. In dieser Gemeinschaft waren die Schwachen beschützt, der Fremde gern gesehen, Leidende wurden geheilt, man kümmerte sich um die Armen und Ausgegrenzten und sorgte für Gerechtigkeit.

In unserem Zeitalter des Individualismus und der Isolation gibt es einen verzweifelten Wunsch nach Gemeinschaft. Wir sollten Gemeinschaft nicht als eine Ansammlung der bereits Bekehrten empfinden. Gemeinschaft ist der Ort, an dem wir uns selbst öffnen: Es ist der einzige Ort, an dem der laufende Prozeß einer Bekehrung stattfinden kann. Christliche Gemeinschaft existiert nicht für sich allein. Sie ist auch nicht eine alternative Kirche. Sie ist vielmehr ein Ort des Kampfes: von Gefangenschaft hin zu Erneuerung, von Anpassung hin zu Veränderung. Die christliche Gemeinschaft wird immer konfrontiert sein mit Konflikten, Schmerz und Qualen, insbesondere, wenn sie den Kampf führt gegen all die falschen Werte um uns und in uns selbst. Aber wir wissen auch, daß Gemeinschaft ein Ort neuerworbener Freiheit, tiefgreifender Heilung, bedeutender Liebe und Freude sein kann, ein Ort zur Entfaltung von Wahrheit und Heiligkeit. Die Glaubensgemeinschaft befähigt uns, dem Druck unserer Kultur zu widerstehen und zur Gestaltung von etwas genuin Neuartigem in deren Mitte.

Wir haben Grund genug, wütend zu sein auf das Versagen der Kirche, eine echte Gemeinschaft zu sein, insbesondere für Lesben und Schwule. Je tiefer wir uns mit der Kirche identifizieren, desto tiefer unsere Wut und unser Gefühl des Betrogenseins. Aber diese Wut darf sich nicht in Bitterkeit und richtende Selbstgerechtigkeit verwandeln. Über die Jahre ist mir klargeworden, daß die meisten Probleme der Kirche ebenso auch in unserer eigenen Gemeinschaft existieren. Wir neigen dazu, uns der Gesellschaft anzupassen, wir lassen die negativen Aspekte unserer Kultur zu sehr auf uns wirken und befinden uns in einem nur langsamen Prozeß der Umkehr.

In der homosexuellen christlichen Gemeinschaft lernen wir noch immer zu lieben: unsere Herzen weichzumachen, einander und die ganze Schöpfung Gottes zu lieben. Allzu menschlich, waren wir nicht in der Lage, Konflikte zu vermeiden. Noch immer verletzen wir uns ständig untereinander. Wir müßten uns zwei wesentliche Charakterzüge der Liebe zu eigen machen: Vergebung und einen demütigen Geist. Wir sollten lernen, einander zu vergeben und unsere eigene Bedürftigkeit für Vergebung erkennen. Ohne die Fähigkeit zur Vergebung hätte die schwule und lesbische christliche Gemeinschaft nicht überleben können.

In unserer ersten Zeit waren wir sehr ehrgeizig und dachten, wir könnten die Kirche und die schwule Gesellschaft verändern. Zeitweise überwältigten uns die großen Fragen, weil wir vergessen hatten, auf die einfachsten Dinge zu achten: zu lernen, wie wir einander trotz all unserer Unvollkommenheit lieben können.

Als wir zur homosexuellen christlichen Gemeinschaft fanden, brachten die meisten von uns spirituelle Leere mit. Wir kamen mit einer passiven und unreifen Haltung, wie Kinder, die gefüttert werden wollen. Früher oder später jedoch mußten wir unsere eigenen Ansprüche und unsere engen Erwartungen von Selbsterfüllung aufgeben. Wir mußten unserem Ich sterben und Teil von etwas viel Größerem werden.

Die bedeutendste Umkehr unter uns geschah durch Liebe. Menschen, die durch die Jahre der Frustration, Verfolgung und Entmutigung zu harten und zynischen Menschen geworden waren, zeigten sich plötzlich sanft. Andere konnten den Terror paranoider Ängste überwinden und nun mit Vertrauen aufeinander zugehen. Die Starken waren in der Lage, sich ihre Schwäche und Verletzlichkeit einzugestehen, und die Schwachen fanden eine Kraft in sich selbst, von der sie bisher nichts wußten.

Zuallererst jedoch haben wir wichtige Dinge über die Vergebung gelernt. Wir treffen aufeinander als unterschiedliche Persönlichkeiten, mit verschiedenem Hintergrund, Temperament, spirituellen und politischen Traditionen und einer unterschiedlichen persönlichen Geschichte. Die einzige Gemeinsamkeit bestand für die meisten von uns in dem Verlangen, unser Anderssein mit unserem christlichen Glauben zu versöhnen. Die einzige Möglichkeit, diese Versöhnung zu erreichen, mußte über die Versöhnung untereinander führen. Durch die schwule und lesbische christliche Gemeinschaft lernten wir, daß wir nicht länger auf eine Autorität von außen angewiesen sind, um uns als lesbische Frauen und schwule Männer zu bestätigen. Die Liebe, die wir durch die Gemeinschaft erreicht haben, gibt uns die notwendige innere Autorität, die wir benötigen, um uns selbst bestätigen und vertrauensvoll in dieser Welt handeln zu können, obwohl uns Kirche und Gesellschaft ablehnen.

Nicht zuletzt geht es in der homosexuellen christlichen Gemeinschaft auch um ein äußerst wichtiges Gleichgewicht von prophetischer Vision und pastoraler Vorsorge. Ohne konkrete Sorge wird eine Gemeinschaft sehr bald sich selbst erschöpfen, indem sie ihre Vision als einziges Ziel verfolgt und dabei alle reale Liebe verliert. Ohne Vision wird die Gemeinschaft vergessen, wofür die Liebe da ist. Vision ohne tätige Vorsorge kann leicht unterdrückend und destruktiv sein: Menschen werden übermäßig belastet und enden damit, sich völlig zu verausgaben. Jede homosexuelle christliche Gruppe kennt solche Augenblicke.

Die Lesben- und Schwulenbewegung braucht die christlichen Gemeinschaften. Viele Lesben und Schwule sind noch immer voller Selbsthaß und agieren diesen Haß in selbstzerstörerischer Weise aus; sie brauchen einen spirituellen Rückhalt. Wie viele schwule Männer haben sich das unmenschliche Macho-Bild unserer Kultur zu eigen gemacht und unterdrücken nicht nur ihr weibliches Selbst in einer destruktiven Weise, sondern lehnen auch Frauen bewußt ab? Wie viele lesbische Frauen agieren ihre selbstzerstörerische Wut Männern gegenüber aus? Wie viele homosexuelle Männer und Frauen sind in egoistischer Weise um ihre eigene Befriedigung und ihren eigenen Profit besorgt? Sie tun nichts, um »den Hungrigen zu Essen zu geben« oder »die Nackten zu kleiden«. Wie viele weigern sich, eine aktive Rolle bei den großen Fragen von Frieden und Gerechtigkeit in unseren Tagen zu übernehmen, noch nicht einmal in Fällen, die mit grundlegenden homosexuellen Rechten zu tun haben.

Gott fordert heute dazu auf, eine historische Rolle in der Befreiung von Homosexuellen zu spielen.

Gott, sende Deine Liebe hinein in unsere lesbische und schwule Gemeinschaft. Hilf uns, Unterschiede unter uns zu begradigen. Erfülle uns mit den Gaben Deines Geistes: Liebe, Freude, Frieden, Geduld, Güte, Vertrauen, Sanftmut und Selbstbeherrschung. Wir erbitten dies durch unseren Bruder Jesus.
Amen.

KAPITEL 22

Zur Zukunft der Gemeinschaften

*Wir sollten keine Ungerechtigkeit von irgend jemandem zulassen.
Wir sollten bereit sein, eine verborgene Verletzung sichtbar zu
machen und bereit sein, bei diesem Vorgang zu sterben.*

Gandhi

Die erste Aufgabe jeder homosexuellen christlichen Gruppe besteht
darin, eine Atmosphäre zu schaffen, in der Lesben und Schwule
psychologisch und spirituell wachsen können. Es geht um eine
Gemeinschaft, die frei ist von Homophobie. Dies wird noch für
viele Jahre wichtig bleiben. Homosexuelle Menschen brauchen eine
liebende Gemeinschaft, innerhalb derer sie sich aus ihrem Versteck
wagen, ihre Wunden heilen, sich selbst akzeptieren lernen, ihr
spirituelles und sexuelles Leben integrieren, ihre spirituelle Entfaltung hegen; lernen, ihre Sexualität in der Gegenwart Gottes zu
bejahen und Modelle für ihre Beziehungen finden zu können. Ebenso
brauchen sie die Unterstützung der Gemeinschaft im Kampf um
Gerechtigkeit.

Eine zentrale Frage für viele Gruppen ist, in welchem Maß sie weiterhin
in ihren eigenen Kirchen arbeiten sollten. Diesem Problem sieht sich
Dignity der Römisch-Katholischen Kirche gegenüber. In seinen jüngsten
Erklärungen machte der Vatikan deutlich, daß er keine Möglichkeit zum
Dialog in der Frage der Homosexualität sieht. Indem der Vatikan den
offiziellen Dialog verweigert und Dignity das grundlegende Recht verwehrt, als Gruppe in kirchlichen Einrichtungen zusammenzukommen,
wurde deutlich, daß die Kirche nur mit schwulen und lesbischen Mitgliedern als isolierten Individuen zu tun haben will, die bereit sind,
heterosexistische Gottesdienste über sich ergehen zu lassen und die willig
sind, einzugestehen, daß ihre sexuellen Gefühle und ihre Liebe »eine
objektive Unordnung mit Tendenz zum Bösen« darstellt.
Während einer nationalen Zusammenkunft im Jahre 1987 in Miami
weigerte sich Dignity gegenüber der Opposition des Vatikan klein
beizugeben. Dignity bestätigte vielmehr seine Position, daß es moralisch
hochstehende schwule und lesbische sexuelle Beziehungen gibt.

Viele völlig qualifizierte schwule und lesbische Pfarrerinnen, Priester, Nonnen und Seelsorgerinnen haben den Kampf mit ihrer Kirche aufgegeben und sich entschieden, sich innerhalb nichttraditioneller Zusammenhänge zu engagieren: Programme für junge und alte Homosexuelle, Projekte gegen Gewaltübergriffe, AIDS-Projekte, Organisationen für schwules und lesbisches Recht, Beratungsstellen usw. sind häufig von Leuten besetzt, die für das Geistliche Amt ausgebildet, aber von ihrem Priesterseminar, ihrer Kirche oder ihrem religiösen Orden abgelehnt wurden, die sich entschieden haben, ihren Hut zu nehmen, um Schwulen und Lesben in direkter Weise dienen zu können. Ich persönlich kenne viele schwule Pastoren, Priester und Geistliche, die keine Schwierigkeiten mit ihrem Zölibat hatten, die aber trotzdem ihre Kirche verließen, weil sie sich nicht länger mit gutem Gewissen mit der ungerechten homophoben Haltung ihrer Kirche identifizieren konnten.

In vielen Denominationen gibt es einen bedeutenden Fortschritt bezüglich Akzeptanz und Integration von Lesben und Schwulen. Die Methodisten beispielsweise veranstalten »versöhnende Zusammenkünfte«, deren Absicht es ist, Lesben und Schwule anzusprechen und »die Trennung zwischen der United Methodist Church und deren schwulen und lesbischen Mitgliedern zu heilen«. Mit einem ähnlichen Ziel gibt es bei den Presbyterianern sogenannte »Mehr Licht«-Gemeinschaften. Die Riverside Church in New York publizierte ein Statement, das Lesben und Schwule als volle Mitglieder ihrer Gemeinde bestätigt.
Manche Kirchen in Amerika werden nun offen lebende Lesben und Schwule als Kandidaten für die Ordinierung in das Geistliche Amt zulassen. Vor kurzem erst akzeptierte der vorsitzende Bischof der Lutherischen Kirche drei schwule Kandidaten. Das Mißverständnis, daß die Schrift liebevolle sexuelle Handlungen zwischen zwei gleichgeschlechtlichen Personen verurteile, führte fast alle Kirchen (und sogar solche, die verheiratete Geistliche akzeptiert) dazu, von schwulen und lesbischen Kandidaten zu fordern, sich offiziell dem Zölibat zu verpflichten. (Es gibt allerdings einige wenige Diözesen, in denen offen schwul oder lesbisch lebende Geistliche toleriert werden.) Zu einem Großteil sind lesbische und schwule Geistliche aufgrund dieser Position gezwungen, ihre Beziehungen versteckt zu halten und in ständiger Angst vor Aufdeckung und Ablehnung zu leben.

Es ist Zeit für die schwule und lesbische spirituelle Gemeinschaft, daß sie sich selbst unabhängig definiert und das Bedürfnis aufgibt, von einer speziellen Kirche anerkannt zu werden.

Dennoch – so meine ich – sollten schwule und lesbische christliche Gruppen keine eigenen Kirchen gründen. Im Gegenteil, homosexuelle christliche Gemeinschaften sollten es ablehnen, von ihrer Mutterkirche getrennt zu werden und sollten statt dessen in loyaler Opposition in der Kirche bleiben. Der einzig vernünftige Weg, als gesunde und unabhängige Erwachsene in einer Kirche zu bleiben, besteht allerdings darin: mit unserer Kirche aus einer Position von Kraft, Mut und Unabhängigkeit heraus zu verhandeln und nicht aus einer Position kindlicher Schwäche, Furcht und Abhängigkeit.

Ein bemerkenswertes Modell schwuler christlicher Gemeinschaft ist die Metropolitan Community Church. Gegründet wurde sie von Reverend Troy Perry, mit dem Ziel, den spirituellen Bedürfnissen der schwulen und lesbischen Gemeinschaft zu begegnen. Die MCC ist eine der am schnellsten anwachsenden Denominationen im Lande. Die MCC hat eine Gemeinde in jeder größeren amerikanischen Stadt und sorgt für eine warme, liebevolle und heilsame Gemeinschaft. Sie wendet sich an alle Lesben und Schwule, insbesondere an jene, die die homophobe Haltung der traditionellen Kirchen nicht mehr ertragen.

Schwule und lesbische christliche Gruppen haben sich zwei großen Herausforderungen zu stellen: Die erste ist, den Kampf fortzusetzen und die homophobe Haltung verschiedener Kirchen zu verdeutlichen und zu ändern und das Recht vollständiger Partizipation und Akzeptanz für Lesben und Schwule zu schaffen. Die zweite Herausforderung: Es muß eine spirituelle Gemeinschaft entstehen, die all den Bedürfnissen von Lesben und Schwulen begegnet, worin die Kirchen aufgrund ihrer homophoben Haltung versagt haben. Die schwule und lesbische christliche Gemeinschaft braucht einen menschlichen und spirituellen Kontext, in dem der in Kapitel 7 umrissene Coming-Out-Prozeß stattfinden kann.

Gott, unser Vater und unsere Mutter, erfülle die christlich-homo-sexuelle Gemeinschaft mit den Gaben des Heiligen Geistes: Unter-scheidung, mutiges Handeln und Reife, so daß wir die Kraft haben, für unsere Schwestern und Brüder furchtlos für Gerechtigkeit zu streiten. Hilf uns, unseren Kirchen als liebende Kritiker und kritische Liebhaber gegenüberzutreten. Laß uns einander und auch diejenigen lieben, die unsere Feinde sind.
Amen.

SPIRITUALITÄT UND BEFREIUNG

Mir geht es in diesem Buch um die spirituellen Dimensionen schwuler und lesbischer Befreiung. Für sein Buch über den spirituellen Lebensweg der Armen in Südamerika wählte Gustavo Gutiérrez als Titel eine bekannte Aussage des Bernhard von Clairvaux: »Aus der eigenen Quelle trinken«.[1] Spiritualität, schreibt Gutierrez, ist wie lebendiges Wasser, das aus den Tiefen der Glaubenserfahrung heraussprudelt. Von unserer eigenen Quelle zu trinken bedeutet, sich auf unsere je eigene und einzigartige Begegnung mit Gott zu besinnen. Sie hat nichts zu tun mit abstrakten Meinungen, Überzeugungen, Ideen, Dogmen oder dergleichen mehr. Mir geht es um Glaubenserfahrung aus erster Hand und nicht um eine durch Familie oder Kirche vermittelte Erfahrung.

Eine der grundlegenden Prämissen dieses Buches ist: Es gibt eine einzigartige schwule und lesbische Gotteserfahrung: »Schwule und lesbische Christen und Christinnen können wie andere Christen das Wort des Evangeliums direkt und in tiefgreifender Weise in ihre Existenz hinein sprechen lassen. Lesben und schwule Männer sollten dreist genug sein, der Kirche in ihrer Gesamtheit eine neue Einsicht in das Evangelium zu vermitteln… Schwule und Lesben können einen bedeutenden Beitrag zur Bildung einer Beziehungsethik leisten.« (Aus: A Call for Dialogue. Hrsg. von Lutherans Concerned, 1985)

Dieses Statement erwähnt zwei der vielen Gaben, die die homosexuelle Gemeinschaft der menschlichen Gesellschaft anzubieten hat. Die erste ist die »Entwicklung einer Beziehungsethik«. Die Fortpflanzungsethik der Vergangenheit ist nun definitiv schädlich geworden. Statt dessen brauchen wir ein neues Verständnis sexueller Beziehungen, die sich auf einer Ethik der Liebe und auf Gleichheit von Partnern gründen. Schwule und lesbische Paare wurden gezwungen, eine solche Ethik zu entwickeln: Es ließe sich daher fast von göttlicher Vorsehung bei der Ausbildung einer homosexuellen christlichen Gemeinschaft sprechen. Das zweite Geschenk der Homosexuellen an die Kirchen besteht in der Herausforderung, sich allen zu öffnen, insbesondere jenen, die sexuell anders sind.

Nach mehr als zwanzig Jahren der Seelsorge an Tausenden homosexueller Menschen als Priester und Psychotherapeut bin ich davon überzeugt, daß eine einzigartige und dynamische Spiritualität unter homosexuellen Christen und Christinnen aufbrechen wird. Diese Spiritualität hat eine besondere Qualität aufgrund der Leidenserfahrung, die eine Folge der Entfremdung und Verfolgung durch die Kirchen ist.

Eine der Tragödien von Schwulen und Lesben in der Vergangenheit bestand in ihrer erzwungenen Isolation. Sie konnten den jüngeren Generationen keinerlei Geschichte oder Erbe vermitteln. Tom Clarke schreibt: »Seiner eigenen Geschichte beraubt zu sein, ist die rücksichtsloseste Form von Unterdrückung. Individuen, Gruppen oder Völker, denen die Gesellschaft durch Rassismus, Sexismus und Klassenvorstellungen den Besitz einer ausgeprägten und unverwechselbaren Geschichte verweigert, werden unausweichlich versucht sein, alle Hoffnung für sich aufzugeben.«[2] Eine der Hauptaufgaben auf dem Weg hin zu spiritueller Befreiung muß darin bestehen, unsere uns von außen auferlegte Isolation zu durchbrechen und unsere Erfahrung mit anderen Schwulen und Lesben zu teilen.

Viele Aspekte der Befreiungsspiritualität, von denen Gutiérrez in seinem Buch *Aus der eigenen Quelle trinken* spricht, finden wir auch in der lesbischen und schwulen Spiritualität. Im Vorwort zu Gutierrez' Buch beschreibt Henri Nouwen, wie in Lateinamerika die Armen und Randgruppen erkannt haben, daß Tod und Unterdrückung sie zu Fremden im eigenen Land gemacht haben: »Sie werden sich immer mehr klar darüber, wie sehr sie gefangen sind in Feindseligkeit, Ängsten und Manipulation. Sie begreifen langsam diese fragwürdige Struktur, die sie zu Opfern macht.«[3] In ganz ähnlicher Weise erkennen schwule und lesbische Christen und Christinnen langsam die paranoiden Manipulationen, Ängste und Feindlichkeiten, die sie umgeben. Sie haben angefangen, die üblen Strukturen anzugehen, die sie unter dem Schleier der Moralität und des Willens Gottes zu Opfern werden lassen. Sie haben endlich die Botschaften von Gesellschaft und Kirche als verunreinigtes Wasser durchschaut. »Mit neuem Selbstbewußtsein«, fährt Nouwen fort, »sind die Armen in die Geschichte eingebrochen und haben wiederentdeckt, daß der Gott, den sie seit Jahrhunderten anbeten, nicht etwa ein Gott ist, der sie in Armut halten will, sondern der sie befreien will von der Macht des Todes und ihnen ein Leben in all seinen Dimensionen anbietet.«[4] Auch Schwule und Lesben haben angefangen, in die Geschichte mit einem neuen und positiven Selbstbewußtsein einzugreifen, das die Schatten von Schuld und Selbsthaß vertreiben wird.

Internalisierte homophobe Tendenzen stellen eine besondere Schwierigkeit dar. Die Haltungen, die Homosexuelle zu Opfern werden lassen, werden meistens bereits in frühester Kindheit von der Familie und der Kirche übernommen. Diese Übel sind Bestandteil der Struktur der heterosexuellen Gesellschaft und können daher auch leicht Teil der Identität von Schwulen und Lesben werden. In der Folge schlagen sich Schwule und Lesben als Erwachsene mit Scham und Selbsthaß herum.

Auch die Worte der Bibel wurden kontaminiert mit homophoben Haltungen. Das Ergebnis ist, daß der Prozeß der Selbstbefreiung für Schwule und Lesben gleichzeitig zu einem Prozeß der Entfremdung von ihrer Familie und der Kirche wird. Als Psychotherapeut ist mir deutlich bewußt, daß meine lesbischen und schwulen Klienten häufig um so mehr in Konflikte mit der Gesellschaft und der Kirche verwickelt werden, je mehr psychische Gesundheit sie entwickeln und je mehr sie sich von Selbsthaß befreien und ihre Sexualität annehmen können.

Schwule und Lesben mit größerem Selbstbewußtsein werden um so mehr Opposition erfahren. Sie haben daher ein besonderes Bedürfnis nach persönlicher Spiritualität, die sich auf direkte Gotteserfahrung gründet. Die sich selbst hassenden Schwulen und Lesben fügen sich gut in Gesellschaft und Kirche ein. Die sich selbst liebenden Schwulen und Lesben werden zu »echten Feinden«, die vernichtet werden müssen.

Aufgrund all der Ungerechtigkeit, mit der wir noch immer konfrontiert sind, müssen unsere Bemühungen um homosexuelle Befreiung einen Kampf gegen unterdrückende Autoritäten beinhalten. Befreiung von Unterdrückung ist ein echter Wert des Evangeliums. Wir sollten erkennen, daß christliche Freiheit von innen kommt und durch den Geist Christi. Und wir sollten erkennen, daß wir diese Freiheit einfordern müssen und sie nicht durch irgendeine Autorität außerhalb unserer selbst eingeräumt wird. Wir müssen auf unsere innere Stimme hören, auf die Stimme der Unterdrückten um uns herum und dann für Menschenrechte und Gleichheit einstehen.

Wir sollten endlich nicht mehr die Entfremdung akzeptieren, die uns aufgezwungen wurde. Gott will uns als von Angst und zum bunten Leben Befreite, die sich in positiver sexueller Gemeinschaft ausdrücken. Eine heilsame spirituelle Reise kann also nur in mitteilender Gemeinschaft stattfinden. Die Kirche wollte homosexuell Lebende schon immer isolieren und wird das auch weiterhin versuchen. Die sich im Kampf um schwule und lesbische Befreiung engagieren, sind sich darüber klar, wie wichtig gefühlvolle und sorgsame Beziehungen sind. Homosexuelle christliche Gemeinschaft gründet sich aber letztlich nicht auf politischen Kampf gegen einen gemeinsamen Feind oder auf Machttrieb, sondern vielmehr auf besondere persönliche Erfahrungen der Liebe Gottes.

Lesben und Schwule sind besonders empfindsam für androgyne Erfüllung in ihrem Leben. Ihre Spiritualität kann Grenzen in ihnen und zu anderen überwinden, sie ist universal.

Schwule Spiritualität ist höchst dynamisch, weil geistbewegt. Sie wird besonders sensitiv für neue Wege der Bibelauslegung sein. Ein ständiger Dialog zwischen dem »alten Wissen«, der Tradition und dem »neuen Wissen«, das aus der konkreten täglichen Erfahrung erwächst, ist notwendig. Da schwule und lesbische Erfahrung häufig eine Erfahrung von unverhohlener Ungerechtigkeit und moralischer Verdammung ist, wird dieser Dialog nicht selten zur Konfrontation. Sowohl die Kirche als auch die Gesellschaft müssen in Demut jene strukturellen Übel als Teil religiöser und gesellschaftlicher Traditionen der letzten zweitausend Jahre zur Kenntnis nehmen.

Es gibt eine Tiefe in unserem Kampf, die schwierig zu greifen ist: Er ist vor allem ein Kampf für das Recht auf Liebe und Intimität. Siegen werden nicht nur Homosexuelle, sondern die ganze menschliche Gemeinschaft. Alle könnten mit weniger Ängsten vor den eigenen sexuellen Gefühlen aufwachsen, mit weniger Streß, sie unterdrücken oder verleugnen zu müssen.

Schwule und lesbische Spiritualität hat im wesentlichen zu tun mit der Tugend des Vertrauens. Dieser Kampf ist ein Kampf um Selbstvertrauen, damit wir uns als Menschen mit göttlicher Würde und

Verantwortung sehen und unser Schwul- und Lesbischsein eher als Segen denn als Fluch erkennen. Wir sollten lernen, unsere Existenz zu feiern und bejahen.

Anmerkungen

VORWORT

1. James B. Nelson: Between Two Gardens: Reflections on Sexuality and Religious Experience. New York (Pilgrim Press), 1983.
2. Thomas E. Clarke: A New Way: Reflecting an Experience, in: Tracing the Spirit: Communities, Social Action, and Theological Reflection, Hg: James E. Hug, S.J.
   Mahwah, N.J. (Paulis Press), 1983, S.18-50.
3. Vgl. ebd., S.22.
4. Gustavo Gutiérrez: Theologie der Befreiung. (Kaiser-Verlag) München, 1979, (M.-Grünewald-Verlag) Mainz, 1979[4], S.196.
5. Das hier verwendete Material wurde ursprünglich publiziert in meinem Artikel:»Homosexuality: Challenging the Church to Grow«, in der Reihe »After the Revolution: The Church and Sexual Ethics.« The Christian Century, 11.März 1987.
6. John J. McNeill: The Church and the Homosexual, revised and expanded edition. Boston, 1988.
7. Diese Gedanken sind ausführlich besprochen in meinem Artikel: «Homosexuality, Lesbianism and the Future: The Creative Role of the Gay Community in Building a More Humane Society.« In: A Challenge to Love: Gay and Lesbian Catholics in the Church. Hg.: Robert Nugent. New York, 1984.

ERSTER TEIL

EINFÜHRUNG

1. C. G. Jung: Gesammelte Werke; Neunter Band, erster Halbband: Die Archetypen und das kollektive Unbewußte. Hg.: Lilly Jung-Merker und Elisabeth Rüf. Olten und Freiburg im Breisgau, 1976, S.101.
2. Mark Thompson: Gay Spirit: Myth and Meaning. New York (St. Martin's Press), 1987.

KAPITEL 1:

WAS HEIßT REIFE SPIRITUALITÄT?

1. Heinz Heger: Die Männer mit dem Rosa Winkel. Der Bericht eines Homosexuellen über seine KZ-Haft von 1939-1945. Hamburg, 1972, S.47-50.

KAPITEL 3:

PATHOLOGISCHE UND GESUNDE RELIGION

1. Diese Überlegungen wurden ursprünglich dargelegt anläßlich der Second Annual Conference on Culture, Race, and Ethnicity in Group and Family Therapy. New York University, März 1987.
2. W. Robert Beavers: Psychotherapy and Growth: A Family Systems Perspective. New York (Brunner/Mazel), 1977.

ZWEITER TEIL

EINFÜHRUNG

1. William A. Berry und William J. Connolly: The Practice of Spiritual Direction. Minneapolis (Seabury Press), 1982, S.8.

KAPITEL 5:

ZUM UMGANG MIT ÄRGER, ZORN UND WUT

1. New York Times, 18. Juni 1984.
2. Ebd.
3. John E. Boswell: Christianity, Social Tolerance, and Homosexuality: Gay People in Western Europe from the Beginning of the Christian Era to the Fourteenth Century. Chicago, 1980.

KAPITEL 6:

BEFREIUNG VON ANGST

1. Henri J. Nouwen: Lifesigns: Intimacy, Fecunditiy, Ecstasy in Christian Perspective. New York (Doubleday), 1986.
2. Ebd., S.15.
3. Jim Forrest: »Be Not Afraid«. In: Sojourners, Dezember 1983, S.14-15.
4. Nouwen, S.16.
5. Alice Miller: Am Anfang war Erziehung. Frankfurt/M., 1980.

6. Chris Glaser: »AIDS and the A-Bomb Disease: Facing a Special Death«.
   In: Christianity and Crisis 47, Nr.13 (September 1987), S.311-314.
7. Robert Jay Lifton: Death in Life: Survivors of Hiroshima.
   New York (Basic Books), 1982.
8. Nouwen, S.108.
9. Ebd., S.38-40.

KAPITEL 7:
BEFREIUNG VON BELASTENDEN SCHULDGEFÜHLEN

1. W. Ronald Fairbairn: Psychoanalytic Studies of the Personality. New
   York (Methuen), 1966.
2. In Donald W. Winnicott: Reifungsprozesse und fördernde Umwelt.
   München (Kindler-Verlag), 1974.
3. Ebd., S.135.
4. W. Robert Beavers: Psychotherapy and Growth: A Family Systems
   Perspective. New York (Brunner/Mazel), 1977.
5. Jean-Paul Sartre: Das Sein und das Nichts. Versuch einer phänome-
   nologischen Ontologie.
   Reinbek bei Hamburg (Rowohlt), (1962) 1989. Vgl. Teil IV: Der Blick,
   S.338-389.
6. Edmund Bergler: Homosexuality: Disease or Way of Life?
   New York (Macmillan), 1962.
7. Eli Coleman: »Developmental Stages of the Coming Out Process«. In:
   Homosexuality and Psychotherapy: A Practioner's Handbook of Af-
   firmative Models. Band 4 in der Reihe: Research on Homosexuality.
   Hg: John C. Gonsiorek. Falls Church
   (Va.: Howarth Press), 1982, S.31-44.
8. Siehe P. Fischer: The Gay Mystique: The Myth and Reality of Male
   Homosexuality. New York (Stein and Day), 1972, S.249.
9. Coleman: a.a.O.
10. Will jemand in dieser Phase sexuell aktiv sein, sollte man sich der
    Gefahren von nichtsafem Sex besonders bewußt sein und wissen, wie
    man safer Sex praktiziert. Ebenso sollte man sich gut überlegen, ob
    eine intime Beziehung die damit verbundenen Gesundheitsrisiken
    rechtfertigt.
11. Paul Tournier: Echtes und falsches Schuldgefühl. Eine Deutung in
    psychologischer und religiöser Sicht. Zürich und Stuttgart (Rascher-
    Verlag), 1959.
12. Ebd, S. 171 der englischen Ausgabe

DRITTER TEIL

EINFÜHRUNG

1. Ich möchte in dieser Einführung meiner tiefen Dankesschuld Ausdruck
   verleihen gegenüber Matthew Fox's Beitrag »The Spiritual Journey of
   the Homosexual...and Just About Everybody Else«. In: A Challenge
   to Love: Gay and Lesbian Catholics in the Church. Hg: Robert Nugent.
   New York (Crossroad), 1983.

KAPITEL 8:

VERTRAUEN AUF GOTT

1. Hans Küng: Existiert Gott? München (Piper), 19 .
2. Matthew Fox: »The Spiritual Journey of the Homosexual...and Just
   About Everybody Else«. In: A Challenge to Love: Gay and Lesbian
   Catholics in the Church. Hg: Robert Nugent. New York (Crossroad),
   1983, S. 197.

KAPITEL 10:

VERSÖHNUNG UND GEGENWART GOTTES

1. Dazu: Edward Schillebeeckx: Christus und die Christen. Die Geschichte
   einer neuen Lebenspraxis. Freiburg, Basel, Wien (Herder), 1977.
2. Ebd., S.744ff.
3. Dazu: Ebd., S. 771.

VIERTER TEIL

EINFÜHRUNG

1. John J. McNeill: The Church and the Homosexual, revised and expanded edition. Boston, 1988.
2. Gustavo Gutiérrez: Aus der eigenen Quelle trinken: Spiritualität der
   Befreiung. München (Kaiser-Verlag), 1986.

KAPITEL 11:

GASTFREUNDSCHAFT

1. Henri Nouwen: The Wounded Healer: Ministry in Contemporary
   Society. Garden City, N.Y. (Image Books), 1979, S.89.

KAPITEL 12:

MITLEID UND RÜCKSICHT

1. Harold Searles: »The Patient as Therapist to His Analyst«. In: Tactics and Techniques in Psychoanalytic Therapy.
   Band 2: Countertransference. Northvale, N.Y. (Jason Aronson), 1975, S.95-149.
2. Ebd.
3. Alice Miller: Das Drama des begabten Kindes und die Suche nach dem wahren Selbst. (Suhrkamp) Frankfurt am Main, 1980.

FÜNFTER TEIL

KAPITEL 13:

ARBEIT – SPIEL – GEMEINSCHAFT

1. Johan Huizinga: Homo Ludens. Vom Ursprung der Kultur im Spiel. Reinbek bei Hamburg, 1956.
2. J. D. Salinger: Hebt den Dachbalken hoch, Zimmerleute, und: Seymour wird vorgestellt. 2 Erzählungen. (Kiepenheuer und Witsch) Berlin, 1965.

KAPITEL 14:

DIES IST MEIN LEIB

1. Human Rights Campaign Fund Dinner, Waldorf-Astoria Hotel. New York City, 10. Oktober 1984.
2. Ich empfehle hierzu besonders Theodore Isaac Rubin: Compassion and Self-Hate: An Alternative to Despair. New York (Ballantine), 1975.

KAPITEL 15:

SEX ALS SPIEL

1. Vgl. James Nelson: Between Two Gardens.
2. Helmut Gollwitzer: Das hohe Lied der Liebe. München, 1978[1].
3. Ebd., S.21f.
4. Ebd., S.32.
5. Ebd., S.34.
6. John J. McNeill: The Church and the Homosexual, revised and expanded edition. Boston, 1988, S.205.
7. Ebd., S.212.

KAPITEL 16:

MARIA UND DIE HOMOSEXUELLENBEWEGUNG

1. Vgl. W. Robert Beavers: Psychotherapy and Growth: A Family Systems Perspective. New York (Brunner/Mazel), 1977.

SECHSTER TEIL

EINFÜHRUNG

1. John Snow: Mortal Fear: Meditations on Death and AIDS. Cambridge, Mass. (Cowley Publications) 1987, S.36-37.
2. Ebd., S.35.

KAPITEL 17:

DAS CHRISTLICHE VERSTÄNDNIS VON TOD, AUFERSTEHUNG UND ZEIT

1. Ernest Becker: Dynamik des Todes.
   Die Überwindung der Todesfurcht - Ursprung der Kultur.
   (Walter-Verlag) Olten und Freiburg im Breisgau, 1976, S. 261ff.
2. Vgl. Edward Schillebeeckx: Christus und die Christen, a.a.O., S.776.
3. John Fortunato: AIDS: The Spiritual Dilemma. San Francisco (Harper and Row) 1987, S.85-86.
4. Teilhard de Chardin, Pierre: Hymne de l'univers. Pensées choisies par Fernande Tardivel. Paris (Editions du Seuil) 1961, S.162-163.
   dt. Ü. aus: Entwurf und Entfaltung. Briefe aus den Jahren 1914-1919. (Alber-Verlag) Freiburg und München 1963, S. 174-175.

KAPITEL 18:

GOTT ALS RICHTER?

1. Maurice Blondel: L'Action: Essai d'une critique de la vie et d'une science de la pratique. Paris (Félix Alain), 1983, S.vii. Vgl. John J. McNeill: The Blondelian Synthesis: A Study of the Influence of German Philosophical Sources on the Formation of Blondel's Method and Thought. Leiden (E.J.Brill) 1966, S.121.
2. C. S. Lewis: The Last Battle. New York (Macmillan), 1986.
   [3. A.!] Samuel Menashe.

KAPITEL 19:

DIE TRAUER

1. John Fortunato: Embracing the Exile: Healing Journeys of Gay Christians. San Francisco (Harper and Row) 1984.
2. Elisabeth Kübler-Ross: Interviews mit Sterbenden. Stuttgart und Berlin (Kreuz-Verlag), 1971.
3. Fortunato: Embracing the Exile.

SIEBTER TEIL

KAPITEL 21:

BEKEHRUNG

1. In diesem Kapitel möchte ich meine tiefe Dankesschuld zum Ausdruck bringen gegenüber Jim Wallis' Buch: Call to Conversion: Recovering the Gospel for These Times. San Francisco (Harper and Row) 1983. Jim ist der Gründer einer ökumenischen Gemeinschaft in Washington, D.C. Diese Gemeinschaft mit dem Namen Sojourners will die Werte des Evangeliums in einer radikalen Weise leben. Mir ist deutlich geworden, daß sich viele der spirituellen Einsichten bezüglich Bekehrung und Gemeinschaft, die auf der einjährigen Erfahrung Jims innerhalb der Gemeinschaft beruhen, ebenso auf unsere Erfahrung in der schwulen und lesbischen christlichen Gemeinschaft anwenden lassen.

EPILOG

SPIRITUALITÄT UND BEFREIUNG

1. Gustavo Gutiérrez: Aus der eigenen Quelle trinken, a.a.O.
2. Thomas E. Clarke, S.J. In: Tracing the Spirit: Communities, Social Action, and Theological Reflection. Hg: James E. Hug. Mahwah, N.J. (Paulist Press), 1983, S.18-50.
3. Henri Nouwen: In: Gustavo Gutiérrez: Aus der eigenen Quelle trinken. In der dt. Ausgabe fehlt das Vorwort von Nouwen.
4. Ebd.

 **KÖSEL** ━━━ **Heribert Fischedick** ━━━
im Kösel-Verlag

Von einem, der auszog, das Leben zu lernen
Glaube und Selbstwerdung
175 Seiten. Kartoniert

Unser Leben erfährt Bestärkung und Vertiefung durch biblische Mythen. Die Tiefenpsychologie läßt uns die alttestamentlichen Erzählungen vom Auszug Israels aus Ägypten, von Wüstenwanderung und Ankunft im verheißenen Land als Drama der Selbstwerdung eines Menschen entdecken.

Aufbrechen
Schuld als Chance
160 Seiten. Gebunden

An Schuld können wir zerbrechen oder wachsen, da Schuld (-gefühle) mehr oder weniger jede Biographie prägen. Dieses Buch macht Mut zur Selbstannahme.

Der Weg des Helden
Selbstwerdung im Spiegel biblischer Bilder
296 Seiten. Kartoniert

Dieses Buch spiegelt unseren Lebensweg in Erzählungen, Gestalten und Bildern der Bibel. Immer wiederkehrende Lernaufgaben lassen sich leichter bewältigen, wenn wir in biblischen Mythen auch unsere eigene, notwendig spirituelle Lebensreise erkennen.